한국교회 애창곡모음

Best 220

찬양의 샘

CCM2U

찬양의 샘

- 한국 교회 애창곡 모음 **베스트 220곡**
- **미가엘 반주기** 번호표시(**구 • 신 버전**)로 미가엘 반주기 사용이 용이합니다.
- **큰 글씨, 큰 악보,** 사용하기 편리한 **제본 방식**과 **편집**으로 누구나 보기에 편합니다.
- 수요예배, 금요철야, 주일찬양예배, 구역모임 등 여러 예배에서 은혜로운 찬양으로 사용할 수 있습니다.
- **제목 가나다순 편집**으로 곡을 찾기 쉽습니다.
- 각 곡마다 함께 부를 수 있는 **메들리**를 실어 풍성한 찬양 모임을 가질 수 있습니다.

Contents

Contents

다

Contents

Contents

Contents

자

Contents

Contents

Contents

(신) 1166
(구) 1285

가서 제자 삼으라

(갈릴리 마을 그 숲속에서)

최용덕

A E7 A D/A A
갈 - 릴 리 마 을 그 숲 속 에 서 - -
A D E E7
주 님 그 열 한 제 자 다 시 만 나 시 사 - -
A D Esus4 E
마 지 막 그 들 에 게 말 씀 하 시 기 를 -
A E7 3 A D/A A
너 희 들 은 - 가 라 저 세 상 으 로 -
D/E A A7 D Bm7
가 서 제 자 삼 으 라 세 상 많 은 사 람 들 을
Esus4 E 3 A D/E
세 상 모 든 영 혼 이 네 게 달 렸 나 니 -
E7 A A7 D Bm7
가 서 제 자 삼 으 라 나 의 길 을 가 르 치 라
Esus4 E7 3 A D/A A
내 가 너 희 와 - 항 상 함 께 하 - 리 라 -

2 갈보리 십자가의 주님을

(신) 1613
(구) 989

김석완

F
C7
갈보리 -십자가의 주님을 -바라볼 때
우리에 -게민음과 소망을 -주-시 며
우리의 -모든간구 응답해 -주-시 며
F
B♭
F
C7
F
하나님 -크신사랑 너무나 -고마워 라
사랑으 -로세상을 이기게 -하-셨 네
기도의 -은혜로써 충만케 -채우시 네
B♭
F
C7
예수님 -의십자가 이제는 -나도지 고
F
C7
F
이생명 -다바쳐서 주님을 -따르리 라

메들리

• 거룩하신 하나님 (4) • 세 개의 못 (92) • 은혜의 강가로 (142)

(신) 1569
(구) 1015

감사해

(Thank You Lord)

3

Dan Burgess

4 거룩하신 하나님

(신) 1615
(구) 712

(Give thanks)

Henry Smith

F C/E Dm Am
거 룩 하신 하 나님 - 주 께 감사 드 리세 -
의 맘과 뜻 다해 - 주 를 사랑 합 니다 -
B♭ F/A E♭M7 1. C7
날위해 이 땅에 오 신 독 생 자 예 수 나
2. C7 B♭/C C/B♭ Am9 Dm C/E F Gm
수 내 가 약할 때 강 함 주 고
C7 B♭/D C/E FM7 A7/E Dm7 E♭
가난 할 때 우 리 를 부 요케 하 신나 의 주
1. C7 C/B♭ 2. C7 F
감 - 사 내 사 감 사 -

메들리
• 나의 모습 나의 소유 (25) • 아버지 사랑합니다 (106) • 예배합니다 (113)

(신) 1655
(구) 790

고개들어

(Lift up your heads)

Steve Fry

A AM7 A7 D E7 A E7
고 개 들 어 주 를맞 이 해
A AM7 A7 D E2 E7
엎 드리 어 경 배하 며 찬 양
A AM7 A7 D E7 A E7/G♯
왕 의 위 엄 을 신 령과 진 정 한
F♯m F♯m/E D A/C♯ B m7 E7 A
찬 양으 로 영 광 돌 려 만 왕 의 왕 께

메들리

• 예수 우리 왕이여 (117) • 오직 주만이 (127) • 주께 와 엎드려 (162)

6 괴로울 때 주님의 얼굴 보라

(신) 1834
(구) 1027

(In These Dark Days)

Harry John Bollback

C F G7 C
괴로울 때 주님의얼굴보라 평화의 주 님바라보아 라
힘이없 고 네마음연약할 때 능력의 주 님바라보아 라
C F C G7 C
세상에 서 시달린친구 들 아 위로의 주 님바라보아 라
주의이 름 부르는모든 자 는 힘주시 고 늘지켜주시 리
G C Am D G G7
눈을들 어 -주를보 라 -네모든 염 려주께맡겨 라
C E F C G7 C
슬플때 에 주님의얼굴 보 라 사랑의 주 님안식주리 라

메들리

• 약한 나로 강하게 (108) • 주님 손 잡고 일어서세요 (168) • 주여 이 죄인이 (182)

그 사랑

(아버지 사랑 내가 노래해)

박희정

G2 C/G G C/G
아버지사랑내가노래 해 아버지은혜내가노래 해
상한갈대꺾지않으시 는 꺼져가는등불끄지않 는
D/F♯ Em E♭aug G/D C♯dim7 Am7
그사 랑 변함없으 신 거짓없으 신 성실하신그-사
1. Am/D 2. Am/D Dsus4 G D/F♯
랑 랑 사 랑 -그사 랑 -날위해
Em Dm G7 CM7 G/B
죽으신 - 날 - 위해다 시사신 - 예수그리스도-
Am7 Am/D G D/F♯ Em Dm7 G7
다시오실그사랑-죽음 도 -생명도 천사도- 하 늘의어떤
CM7 G/B Am7 C/D G
권세도-끊을수없는- 영원한- 그사랑-예 수

메들리

• 나는 주만 높이리 (21) • 아버지 사랑합니다 (106) • 주님의 은혜 넘치네 (176)

8

그 날

(신) 1374
(구) 1598

(사망의 그늘에 앉아)

고형원

A C#m7 F#m C#m
사망의그늘에앉 아 죽어 가는 나의백성 들
F#m C#m D Bm E E7
절망 과 굶주림 에 갇힌저들은 내마음의 -오랜슬 픔
A C#m7 F#m C#m
고 통의멍에에매 여 울고 있는 나의자녀 들
F#m C#m D B7 Esus4 E7
나는 이제일어나-저들의 멍에를꺾고 눈물씻기기 - 원하는 데
A F#m D C# Bm E7
누가내게부르 - 짖 어 저들을구원케 - 할 까
A F#m Em7 A7 D Bm Esus4 E7
누가나를위해- 가 서 나의사랑을전- 할 까
A E/G# F#m D A/C# Bm E7
나는 이 제 보기원하 네 나의 자녀들- 살아나는 - 그 날
A E/G# F#m D E7 A
기쁜 찬 송 소리하늘 에 웃음 소리온- 땅가득한 - 그 날

(신) 1559
(구) 1073

그 날이 도적같이

김민식

A AM7 Bm Bm7
그 날이 도적같이 이를줄
평강의 하나님이 너희를
Esus4 E A A7
너희는 모르느냐 –
거룩하게 하시고 –
D DM7 A F♯m
늘 깨어 있으라 – 잠들지 말아라 –
온 몸과 영혼이 – 주오실 그날에 –
Bm7 E A
주님과 동행하라 –
흠없기 원하노라 –
D A F♯m
항상기 – 뻐하라 – 쉬지말고 기도하라 –
이는예수 안에서 – 너희에게 향 – 하신 –
1. E E7 A A7
범사에 감사하라 –
2. Bm E7 A D/A A
하나님 뜻이니라 –

10 그리 아니하실지라도

(신) 1006
(구) 768

안성진

G Em C D G
그 리- 아니하실지라 도 감 사 해 요
그 리- 아니하실지라 도 사 랑 해 요
Em C D G Dm F/G G7
주님 뜻을 믿기때문이죠 -
합력 해서 선을이루어요 -
C D7 G Bm7/F♯ Em
언 제 나 나를향-한 신실한사 랑 -
C D G F/G G7
우리를향한 그크신사 랑 -
C D G Bm7/F♯ Em Em/D
우 리 가 함께높이며 주를찬 양 해 -
C D G C/G G
할렐루 야 하 나 님께영광 -

메들리

• 기뻐하며 왕께 (16) • 승리는 내 것일세 (95) • 주 우리 아버지 (156)

(신) 2134
(구) 1936

그의 생각

11

(하나님은 너를 만드신 분 * 요엘에게)

조준모

12 그리스도의 계절

(신) 1700
(구) 1880

(민족의 가슴마다)

김준곤 시, 박지영 정리 & 이성균

그리스도의 계절

FM7 Em Dm Gsus4 G7
하늘의뜻이땅에 이뤄주-소-서-주의 나라-되게하소 - 서--
C Am F
주의 청 년들이-예수의꿈 을꾸고- 인류 구원의- 환상을
Gsus4 G7 C Am
보 게하-소-서- 한손엔 복 음들고- 한손엔 사랑을들고-
F Gsus4 G7 C
온땅 구석 구석누비-는 나라-되게하 소 서

메들리 • 그 날 (8) • 모든 열방 주 볼 때까지 (64) • 이 산지를 내게 주소서 (143)

13 기대

(주 안에 우린 하나)

(신) 1387
(구) 1684

천강수

(신) 1895
(구) 1108

기도하자 우리 마음 합하여 14

Maori Tune

G C G G7 C G
기 도하 자우 리 마 음 합 하여 – –
찬 송하 자우 리 모 두 주 님께 – –
걸 어가 자하 늘 영 광 저 문을 – –
바 라보 자주 님 계 신 저 문을 – –
G C G Am D7
기 도하 자우 리 마 음 합 하여 – –
찬 송하 자우 리 모 두 주 님께 – –
걸 어가 자하 늘 영 광 저 문을 – –
바 라보 자주 님 계 신 저 문을 – –
G G7 C C7
할 렐 루 야 아 – 멘 – 할 렐 루 야 아 – 멘 –
G D7 G C G
기 도하 자우 리 마 음 합 하여 – –
찬 송하 자우 리 모 두 주 님께 – –
걸 어가 자하 늘 영 광 저 문을 – –
바 라보 자주 님 계 신 저 문을 – –

메들리

• 기뻐하며 왕께 (16) • 만족함이 없었네 (59) • 승리는 내 것일세 (95)

15 기도할 수 있는데

(신) 1072
(구) 1099

고광삼

G D D7 G
기 도 할 수 있 는 데 왜 - 걱 정 하 십 니 까
할 수 있 는 데 왜 - 실 망 하 십 니 까
C G D 1.G 2. G
기 도 하 면 서 왜 염 려 하 십 니 까 기 도 까
기 도 하 면 서 왜 방 황 하 십 니
C G A D
주 님 앞 에 무 릎 꿇 고 간 구 해 보 세 요
C G A D
마 음 을 정 결 하 게 뜻 을 다 하 여
G D D7 G
기 도 할 수 있 는 데 왜 - 걱 정 하 십 니 까
C G D G
기 도 하 면 서 왜 염 려 하 십 니 까

메들리
• 낮엔 해처럼 밤엔 달처럼 (30) • 보라 너희는 두려워 말고 (70) • 오늘 집을 나서기 전 (124)

(신) 1670
(구) 767

기뻐하며 왕께 16

(Shout for joy and sing)

David Fellingham

기 뻐 하 며 왕 께 노 래 부 르리 -
소 리 높 여 할 렐 루 야 부 르리 -
주 님 앞 에 나 와 찬 양 드 리며 -
우 리 주님과함 - 께 기 뻐 하 리라 -
나 의 창 조 - 자 나 의 구 원 - 자 -
가 장 귀 한 나 의 예수 님 - 찬양합 니 - 다 -
나 의 치 료 - 자 - 나 의 선 한 목자 되 - 신 주 -
예 수 나 의 주 찬 양 하 리 -

17 기뻐하며 승리의 노래 부르리

(We will rejoice and sing our song of victory)

(신) 1677
(구) 663

David Fellingham

E C#7 F#m B6 B
기 - 뻐하며 - 승리의노래부르리
G#m B/A A F#m/A E/B B
그 백성주가회복시 - 키시네
E C#7 F#m E/B
그 - 사랑으로 억눌렸던자모아
B E F#m B E
칭찬과명 - 성언게 하시네 -
B E
전심으로 - - - - 기 뻐하리 -
전심으로기 뻐하리 - 전능의 왕우리함께 -
B E
전능의왕 - - - - 함께하시네 -
우리의강하 신용사 - 구원과 승리주시네 -

기뻐하며 승리의 노래 부르리

A E C#7
기 뻐 외 치 며 - 주 께 두 손 들 리 - -
F#m B7 E
춤 을 추 며 - 왕 께 찬 양 해 - -
A E C#7
모 든 원 수 를 - 멸 하 신 주 님 - -
F#m B E
전 능 의 왕 - 함 께 하 시 네 -

O.T. : We Will Rejoice And Sing Our Song Of Victory / O.W. : David Fellingham
O.P.: Thankyou Music Ltd / S.P. : Universal Music Publishing Korea, CAIOS
Adm. : Capitol CMG Publishing / All rights reserved. Used by permission.

메들리
• 내가 어둠 속에서 (38) • 무화과 나뭇잎이 마르고 (67) • 존귀 오 존귀하신 주 (149)

18 나

(신) 1348
(구) 968

(나 가진 재물 없으나)

송명희 & 최덕신

A D Bm E7 AM7
나 가진재물 없으나- 나 남이가진지식 없으나-
F#m F#7/A# Bm G#m G#7 Esus4 E7
나남에게있는건강있지 않으나- 나 남이없는것 있으 니
A D E E7 AM7
나 남이못본것을 보았고- 나- 남이 듣지못한음-성 들었고-
A7 F#7 Bm7 D D#dim D/E E E7
나남이 받지못-한사랑받았고- -나 남이모르는-것깨 달았네- -
A F#m D D#m7 Esus4 E7
공 평하신- 하 나님이- 나남이가진것나 없지만-
A F#m D E7 A
공 평하신- - 하 나님이- 나 남이없는것 갖게 하셨네-

Copyright © 송명희 & 최덕신. Adm. by KOMCA. All rights reserved. Used by permission.

메들리
• 나는 행복해요 (22) • 나의 안에 거하라 (27) • 에벤에셀 하나님 (110)

(신) 1693
(구) 1713

나 무엇과도 주님을

(Heart and Soul)

Wes Sutton

나 무엇과 - 도주님을바 - 꾸지 - 않으리 -
다른어떤 - 은혜 - 구 하지않 - 으리 - 오직
주님만 - 이내삶에 - 도움이 - 시니 - 주의
- 얼굴보기 - 원합니다 - 주님사 랑 해요
- 온맘과 정성다해 - 하나님 - - 의
신실 - 한 친구되기 - 원합니다 -

메들리

• 내가 그리스도와 함께 (36) • 선하신 목자 (86) • 주님과 같이 (172)

20 나 주님의 기쁨되기 원하네

(신) 1550
(구) 1284

(To be pleasing You)

Teresa E. Muller

나주님-의기쁨되-기 원하네- 내 마음을- 새롭게하-소-
겸손히-내마음드-립 니-다- 나의모- 든것받으-소-
서-- 새부대-가되-게하-여- 주-사- 주
서-- 나의맘-깨끗-케씻-어- 주-사- 주
님의빛- 비추게하-소- 서-- 내가 원--하는-
의길로- 행하게하-소- 서--
한 --가지- 주님의-기쁨이 되는것 - 내가
원--하는- 한가-지--- 주님의-기-쁨이되는것 ---

메들리 • 전능하신 나의 주 하나님은 (147) • 주님 큰 영광 받으소서 (170)

(신) 1506
(구) 2159

나는 주만 높이리

(Only A God Like You)

Tommy Walker

22 나는 행복해요

(신) 1046
(구) 949

(주님 한 분 밖에는)

김석균

A F♯m Bm Esus4 E
주님 한분밖에는 아는 사람없어요
주님 한분밖에는 사랑 할이없어요
A Bm D Esus4 E
가슴 깊이숨어있는 주를 사랑하는맘
작은 가슴뜨거웁게 주님 피가흘러요
A F♯m Bm Esus4 E
주님 한분밖에는 기억 하지못해요
주님 한분밖에는 약속 한이없어요
A Bm D E7 A
처음 주를만난그 날 울며 고백하던말
나를 믿고따르는 자 반석 위에서리라
F♯m9 C♯ F♯m D/E E7
나는- 행복해요 죄사함 받았으니
A C♯m D Esus4 E
아버지 품안에서 떠나살기 싫어요
F♯m9 C♯ F♯m D/E E7
나는- 행복해요 사랑이 샘솟으니
A C♯m D E7 A
이세상 무엇이든 채우고도남아요

(신) 1314
(구) 977

나를 받으옵소서

23

(주님 내가 여기 있사오니)

최덕신

나의 가는 길

(신) 1593
(구) 1988

(God will make a way)

Don Moen

(신) 2081
(구) 1517

나의 모습 나의 소유 25

(I offer my life)

Claire Cloninger & Don Moen

나의모습 - 나의소유 - 주님앞에 - 모두드 -립니다 -
어제일과 - 내일일도 - 꿈과희망 - 모두드 -립니다 -
모든아픔 - 모든기쁨 - 내 모든눈물 - 받아 -주소서 -
모든소망 - 모든계획 - 내 손과마음 - 받아 -주소서 -
나 의 생 명 을 드 - 리 니 주 영 광 위 - 하 여 -
사용하옵소 서 내 가 사는날동 - 안에 주를찬양 - 하며 -
기쁨의제물 되리 - 나를받아주 소서 - -
Fine
서 우 리 가 진 - 이 모 든 것 들 - 을 다
주 께 서 우 - 리 에 게 주 시 었 네 - 몸 밖 에 드 - 릴 것 이
- 없 으 - 니 내 삶 을 받 아 - 주 소 서
D.S.

26 나의 반석이신 하나님

(신) 1952
(구) 575

(Ascribe greatness)

Mary Lou King & Mary Kirkbride Barthow

A C#m D Bm
나 의 반 석 이 신 하 나님 행 하 신
A/C# D Esus4 E7 A
모 든 것 완 전하 시 니 - 나 의
C#m D Bm A/C# D
생 명 되 신 하 나 님 내 게 행 하 신 일 찬 양합 니
Esus4 E7 A C#m D
다 - 신 실 하 신 하나- 님 실수- 가
E Bm E A E
없으-신- 좋 으 신 나 의 주 - - - -
A C#m D E
신 실 하 신 하나- 님 실수- 가 없으-신-
Bm E A D/A A
좋 으 신 나 의 주 -

메들리

• 가서 제자 삼으라 (1) • 낮은 자의 하나님 (31) • 찬양하세 (194)

나의 안에 거하라

류수영

나의 안에 거하라- 나는네 하나님이니- 모든
환난가운데- 너를 지키는자라- 두려 워하지말라- 내가널
도와주리니- 놀라 지말라-네손잡아주리라 - 내가너를
지 명하-여불렀나-니너는 내 것이라- 내 것이라- 너의
하 나 님 이라- 내가너를 보 배롭-고 존 귀하-게
여 기노라- 너를 사랑하-는네여호와라 -

Copyright ⓒ 1998 류수영. Adm. by KOMCA. All rights reserved. Used by permission.

메들리

• 보라 너희는 두려워 말고 (70) • 하나님은 우리의 피난처가 되시며 (209)

28 나의 주 나의 하나님이여

(신) 2146
(구) 1741

(Adonai, my Lord my God)

Stephen Hah

E B/D# A A/B B E A/B B
나의 주 나의하나 님 이여 주 를경배합니 다
E B/D# A A/B E
주 사 랑하는나의 마 음을 주께 서 아시 나이 다
Fine
A B/A G#m7 C#m7 F#m7 B7 E D/F# E/G#
깨 뜨 릴옥합내게 없 -으며 주께 드 릴 향유없지 만
고 통 속에방황하 는내마음 주- 께 로갈수없지 만
A B/A G#m7 C#m7 F#m7 E/B B
D.S.
하 나 님형상대로 날빚으사 새 영 을내게부어 주 소- 서 나의
저 항 할수-없는 그은혜로 주 님 의길을걷게 하 소- 서 나의

Copyright © 2002 All Nations Ministries.
Administered by CopyCare Korea(copycarekorea@gmail.com). All rights reserved. Used by permission.
Authorised Korean translation approved by CopyCare Korea.

메들리
• 내 이름 아시죠 (33) • 목마른 사슴 (66) • 새롭게 하소서 (84)

(신) 1227
(구) 923

나의 하나님 나의 하나님

강태원

나의하 나님나의 하 나님 나와함 께하신하나 님
주님 뜻 대로 살기원 하여 이처럼 간구 합니 다
아버지 아버지 죄인부 르신 아버지
아버지 아버지 나를구 하신 아버지
감사합 니다 감사합 니다 늘찬송 하게 하소 서
감사합 니다 감사합 니다 이몸바 쳐살 렵니 다
아버지 아버지 은혜베 푸신 아버지
아버지 아버지 축복해 주신 아버지
감사합 니다 감사합 니다 영광받 아주 옵소 서
감사합 니다 감사합 니다 사명감 당케 합소 서
Fine
나의하 나님나의 하 나님 나의하 나님 아버지
감사합 니다 감사합 니다 진정감 사합니 - 다
D.S.

Copyright © 강태원. All right reserved. Used by permission.

30 낮엔 해처럼 밤엔 달처럼

(신) 1023
(구) 1088

최용덕

낮 엔해처 럼 밤 엔달처 럼 그렇 게 살 순없을 까 -
예 수님처 럼 바 -울처 럼 그렇 게 살 순없을 까 -
욕 심도없 이 어둔 세 상비추 어 온전 히 남을 위 해살듯 이 -
남 을위하 여 당신 들 의온몸 을 온전 히 버리 셨 던것처 럼 -
나 의일생 에 꿈 이있다 면 이땅 에 빛과 소금되 어 -
주 의사랑 은 베 푸는사 랑 값없 이 거저 주는사 랑 -
가 난한영 혼 지 친영혼 을 주님 께 인도 하 고픈 데 -
그 러나나 는 주 는것보 다 받는 것 더욱 좋아하 니 -
나 의욕심 이 나의 못 난자아 가 언제 나 -커 다 란짐되 어 -
나 의입술 은 주님 닮 은듯하 나 내맘 은 -아 직 도추하 여 -
나 를짓눌 러 맘을 곤 고케하 니 예수 여 나를 도 와주소 서 -
받 을사랑 만 계수 하 고있으 니 예수 여 나를 도 와주소 서 -

메들리

• 내가 산을 향하여 (12) • 사랑하는 나의 아버지 (27) • 찬양을 드리며 (66)

(신) 1621
(구) 1490

낮은 자의 하나님

31

(나의 가장 낮은 마음)

양영금 & 유상렬

A F♯m7 Bm/D E
나의가 - 장 - 낮은마 - 음 - 주님께 - 서 - 기뻐하 - 시고
내가지 - 쳐 - 무력할 - 때 - 주님내 - 게 - 힘이되 - 시고
A F♯m D E7 A E7 (A7)
작은일 - 에 - 큰기쁨 - 을 - 느끼게하시는도 - 다 -
아름다 - 운 - 하늘나 - 라 - 내맘에주시는도 - 다 -
D E/D C♯7 F♯m
우리에게 - 축복하신 - 하나님사랑 -
D E A G/A A7
낮은자를 - 높여주시고 - -
D E/D C♯7 F♯m
아름다운 - 하늘나라 - 허락하시고 -
D B7/D♯ Esus4 E7
내모든 - 것 - 예비하시네 - -
A F♯m F♯m7 D Esus4 E
찬양함에 기쁨을 - 감사함에 평안을 -
C♯ F♯m D Dm A
간구함에 하나님 - 알도록 - 하셨네 -

32

내 구주 예수님

(Shout to the Lord)

(구) 1614

Darlene Zschech

(신) 1560
(구) 1712

내 이름 아시죠

(나를 지으신 주님 / He knows My Name)

Tommy Walker

E F#m7 E/G# A E/B B7sus4 B7
나를 - 지으 신 주님 - 내 안 - 에계셔 -
그는 - 내아 - 버지 - 난 그 - 의소유 -
E F#m7 E/G# A E/B B E
처음 - 부터 내 삶은 - 그 의 손에 - 있었죠 -
내가 - 어딜 가든지 - 날 떠 나지 - - 않죠 -
A E B E A E B E
내이 - 름아 - 시죠 - 내모 - 든생 - 각도 -
A E B C#m A B E
내흐 - 르는 - 눈물 - 그 가 닦아 - 주셨죠 -
아바 - 라부 - 를때 - 그 가 들으 - - 시죠 -

O.T. : He Knows My Name / O.W. : Tommy Walker
O.P. : Universal Music – Brentwood Benson Songs / S.P. : Universal Music Publishing Korea, CAIOS
Adm. : Capitol CMG Publishing / All rights reserved. Used by permission.

메들리

• 나의 주 나의 하나님이여 (28) • 하나님은 너를 지키시는 자 (208)

34 내 평생 사는동안

(신) 1258
(구) 1572

(I will sing)

Donya Brockway

D DM7 G F#m
내 평 생 사 는 동 안 주 찬 양 하 리
Bm Em A7 D Em Asus4 A7
여 호 와 하 나 님 내 주 를 찬 양 하 리
D DM7 G F#m
주 님 을 묵 상 함 이 즐 겁 도 다
Bm Em G/A A7 D D7
내 영 혼 주 안 에 서 참 기 쁘 리 –
GM7 A/G F#m Bm
내 영 혼 아 주 님 을 송 축 하 라 – – –
Em A7 DM7 Em Am
내 영 혼 아 주 님 을 찬 양 하 라 – –
D7 GM7 A/G F#m Bm
내 영 혼 아 주 님 을 송 축 하 라 – – –
Em G/A A7 D
내 영 혼 아 주 님 을 찬 양 하 라 –

O.T. : I Will Sing / O.W. : Donya Brockway
O.P. : His Eye Music, Universal Music – Brentwood Benson Tunes / S.P. : Universal Music Publishing Korea, CAIOS
Adm. : Capitol CMG Publishing / All rights reserved. Used by permission.

(신) 1702
(구) 901

내 평생 살아온 길

조용기 & 김성혜

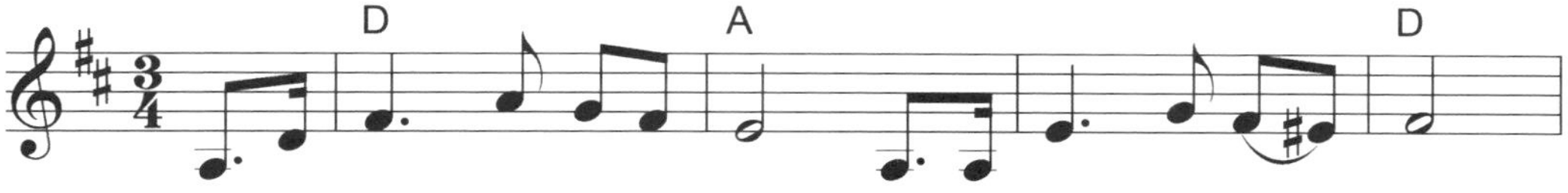

내 평 생 살 아 온 길 뒤 를 돌 아 보 – 니
나 같 은 못 난 인 간 주 께 서 살 리 시 려
예 수 님 나 의 주 님 사 랑 의 내 하 나 님

걸 음 마 다 자 욱 마 다 다 – 죄 뿐 입 니 다
하 늘 의 영 광 – 보 좌 모 두 다 버 리 시 고
이 제 는 예 수 – 님 만 내 자 랑 삼 겠 어 요

쓰 리 고 아 픈 마 음 가 눌 길 – 없 어 서
천 하 디 천 한 종 의 형 상 을 입 으 셨 네
나 의 남 은 인 생 길 주 와 걸 어 가 면 서

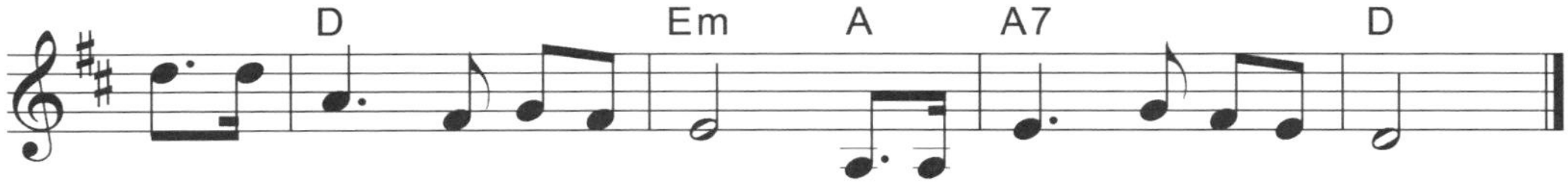

골 고 다 언 덕 길 을 지 금 찾 아 옵 니 다
아 – 아 주 의 사 랑 어 디 에 견 주 리 까
예 수 님 복 음 위 해 굳 세 게 살 겠 어 요

메들리
• 갈보리 십자가의 주님을 (2) • 내가 그리스도와 함께 (36)

36 내가 그리스도와 함께

(신) 1785
(구) 1249

박윤호

내가 그 리스 도 와함 - 께 십자가 에못박 혔나니 -
그런 즉 이- 제 내가산 것아니요 오 직 내안에
예수께 -- 서 사 신 - 것 이-라 -
이제내 --가 육체가 운- 데 사는 것은 ---
나를사 랑하사자기몸 버리신 예수위해산 것이라 -

메들리
• 나의 하나님 나의 하나님 (29) • 내가 주인 삼은 (39) • 주님 곁으로 (163)

(신) 1151
(구) 1297

내가 너를 도우리라

(세상 일에 실패 했어도)

김석균

E♭ Cm B♭ E♭ E♭7
세상 일 에실패했어 도 너는 절 망하지말아 라
환난 핍 박끊임없어 도 너는 낙 망하지말아 라
A♭ E♭ F B♭7
내가 너 를도 우리 라 다시 일 어서게하리 라
E♭ Cm B♭7 E♭ E♭7
질병 으 로고통당해 도 너는 두 려워 말- 라
참지 못 할슬픔있어 도 기도 하 며담 대하 라
A♭ E♭ B♭7 E♭
내가 너 를도 우리 라 다시 일 어서게하리 라
B♭ E♭ Fm A♭ E♭ B♭7
나를 버린자들도- 내가 사랑하거늘- -하물며 너희를그냥-둘까보 냐
감사 눈물흘리며- 믿음 으로간구하는-너희의 기도를내가-외면하랴
B♭7 E♭ Fm A♭ B♭7
나는 너와함께하는- 너의하나님됨이니- -의로운 오른손으로-붙들리 라
E♭ B♭7 E♭ A♭ B♭7 E♭ B♭7
내가 너 를굳세게하리 라 너를 크 게사용하리 라
A♭ E♭ Cm B♭7 E♭
너로하여금 나를 증거하도 록 내가너를도 우리 라

38 내가 어둠 속에서

(신) 1866
(구) 1124

문경일

E A E B7 E A/B
내가 어둠 – 속에서 – 헤맬때에도 – 주님 은 함께계 셔
내가 은밀한곳에서 – 기도할때도 – 주님 은 함께계 셔
힘이 없고 – 연약한 – 사람들에게 – 주님 은 함께계 셔
E A E B7 E E7
내가 시험 – 당하여 – 괴로 – 울때도 – 주님 은 함께계 셔
내가 아무도모르게 – 선한일할때도 – 주님 은 함께계 셔
세상 모든 – 형제와 – 자매 – 들에게 – 주님 은 함께계 셔
A E B7 E E7
기뻐찬양하네 할렐루 할렐루 야 할렐 루 할렐루 야
A E C#m
우 리 모 두 찬 양 할 렐 루 할 렐 루 야 – – –
F#m B7 E
주 님 나 와 함 께 계 시 네 –

메들리
• 빛 되신 주 (76) • 산과 바다를 넘어서 (81) • 존귀 오 존귀하신 주 (149)

(신) 1647
(구) 1926

내가 주인 삼은

전승연

G D/F♯ Em /D C G/B Am
내가 주인삼은 - 모든것 내려놓고 - 내 주 되신
G/D D2 G D/F♯ Em Em2/D
주앞 에 나가 - 내가 사랑했던 - 모든것 내려놓고 -
C D7 1. G 2. G D G
주 님 만 사 랑해 - 내가 - 주사 랑
D/F♯ Em7 C G/B Am7 D7 G
거친 풍랑에도 - 깊은 바다처럼 - 나를 잠잠케해 - 주사 랑
D/F♯ Em7 Am7 D7 G
내 영 혼 의 반 석 - 그 사 랑 위 에 - 서 리 -

메들리

- 그 사랑 (7)
- 사랑합니다 나의 예수님 (80)
- 십자가 그 사랑 (101)

40 내게 강 같은 평화

(신) 1662
(구) 1496

G C G
내게 강 -같은 평화 내게 강 -같은 평화
내게 바다같은 사랑 내게 바다같은 사랑
내게 샘 -솟는 기쁨 내게 샘 -솟는 기쁨
내게 믿음소망 사랑 내게 믿음소망 사랑
G D
내게 강 -같은 평화 넘치네 -
내게 바다같은 사랑 넘치네 -
내게 샘 -솟는 기쁨 넘치네 -
내게 믿음소망 사랑 넘치네 -
G C G
내게 강 -같은 평화 내게 강 -같은 평화
내게 바다같은 사랑 내게 바다같은 사랑
내게 샘 -솟는 기쁨 내게 샘 -솟는 기쁨
내게 믿음소망 사랑 내게 믿음소망 사랑
G D G
내게 강 -같은 평화 넘-치네 -
내게 바다같은 사랑 넘-치네 -
내게 샘 -솟는 기쁨 넘-치네 -
내게 믿음소망 사랑 넘-치네 -

메들리
• 생명 주께 있네 (85) • 승리는 내 것일세 (95) • 일어나 걸어라 (144)

(신) 1310
(구) 1207

내게 오라

(죄에 빠져 헤매이다가)

권희석

C G C
죄에 빠 져헤매 이다 가 지쳐 버린 나의 모습 은
수많 은 사람 - 중에 서 주님 이날 부르 실때 에
F C G G7
못견 디는 아픔 속에 서 그렇 게 쓰러 졌을 때
설레 이는 나의 마음 은 그렇 게 기쁠 수없 네
C G G7 C
아무 도 오는사람 이없 어 정말 로난 외로 웠 - 네
이제 나 도 - 주님 위하 여 내모 든것 다드 리 - 리
F C G7 C
그때 주님 내게 찾아 와 사랑 으로 함께 하셨 네
내가 가진 모든 것들 을 아낌 없이 주께 드리 리
F C F D7 G
병 든자 여내 게오 라 가난 한자 내 게오 라
슬 픈자 여내 게오 라 괴로 운자 내 게오 라
C F C G7 C
죄에 빠진 많은 사 람 들아 모두 다 내 게오 라
삶에 지친 많은 사 람 들아 모두 다 내 게오 라

메들리
• 나의 하나님 나의 하나님 (29) • 너는 내 아들이라 (44) • 사나 죽으나 (77)

42

내일 일은 난 몰라요

(I know who holds my hand)

(신) 1591
(구) 825

Ira F. Stanphill

(신) 1114
(구) 1977

너는 그리스도의 향기라

구현화 & 이사우

D Em7 D/F♯
너는 그리스도의 - 향 기 라 - 너는 그리스도의 - 편
G Em7 A G F♯m7 Bm7
지 라 하나님 - 앞에서그 - 리 스 도의 - 향기니 - 너를
Em7 Asus4 A7 B7 Em7 G/A A7 Dsus4 D
통해*생명이 - 흘러가 리 너를 통해*생명이 - 흘러가 리

* 사랑
기쁨

메들리
• 내가 산을 향하여 (12) • 사랑하는 나의 아버지 (27) • 찬양을 드리며 (66)

너는 내 아들이라

(힘들고 지쳐)

(신) 1245
(구) 1877

이재왕 & 이은수

너는 시냇가에

박윤호

E2 C♯m7 F♯m7 B7 E
너 - 는 시냇가 에 심 - 은 - 나 무 라
주의 시 절을좇 아 구원 열 매맺 으 면
A2 E C♯m F♯m7 B7 E
하나 님 의 사랑 안 에 믿음 뿌 리내 리 고
주의 영 화 로운 빛 - 너를 보 호하 리 니
A Am6 E/B C♯m7 F♯m7 B7 E2
주의 뜻 대 로 주의 뜻 대 로 항 - 상 사 세 요
주의 뜻 대 로 주의 뜻 대 로 항 - 상 살 리 라

메들리

• 너는 그리스도의 향기라 (43) • 축복의 통로 (192) • 축복합니다 (199)

46 넘지 못 할 산이 있거든

(신) 1467
(구) 1075

최용덕

E♭
A♭
B♭7
넘지못 - 할산이있거든 - 주님께맡기 세 요
참지못 - 할분노있거든 - 주님께맡기 세 요
E♭
B♭7
E♭
넘지못 - 할파도있거든 - 주님께맡 기세 요
참지못 - 할슬픔있거든 - 주님께맡 기세 요
A♭
B♭7
E♭
우리가야할길은 - 멀고도 - 험하여 -
우리살아갈길은 - 눈물의 - 골짜기 -
A♭
E♭
F
B♭7
허덕이며 가야하는 우 리 인생인 데
내힘으론 참지못해 - 늘 흐느끼 네
E♭
A♭
B♭7
E♭
이럴때우린누굴 의지하나요 - 주 님밖에없어요 -
A♭
E♭
B♭7
3
E♭
나는 그길 갈 수없지 만 주님이대 신가 요

메들리

• 내가 너를 도우리라 (37) • 사랑의 손길 (78) • 에바다 (109)

(신) 1642
(구) 1095

누군가 널 위해 기도하네

(당신이 지쳐서 / Someone is praying for you)

Lanny Wolfe

G C D7 G C
당신이 지쳐서 -기도 할수 없고 눈물이 빗물 처럼-
당신이 외로이 -홀로 남았을 때 당신은 누구 에게-
D7 G Dm7 G7 C Am7
흘러내릴때 주님은 아시네 당신의 약함을
위로를얻나 주님은 아시네 당신의 마음을
D D7 G C/D GM7
사랑으로 돌봐주시네 - 누군가
그대홀로 있지못함을 -
C G B7/F♯ Em7 A7 Am7
널-위하여 - 누군가기-도하네
D7 G7 C B7 Em
- 네가홀로 외로워서- 마음이 무너질때
Cm/E♭ G/D Am7 D7 Gsus4 G
누군가 널위- 해기도하네 -

O.T. : Someone is Praying For You / O.W. : Lanny Wolfe
O.P. : Lanny Wolfe Music / S.P. : Universal Music Publishing Korea, CAIOS
Adm. : Capitol CMG Publishing / All rights reserved. Used by permission.

메들리
• 기도할 수 있는데 (15) • 주가 필요해 (161) • 축복송 (197)

48 다 와서 찬양해

(Come on and celebrate)

Trish Morgan & Dave Bankhead

G Bm7
다 와 서 찬 양 해 - 사 랑 을 주 신 주 찬 양 해 -
Em C Am7 Dsus4
사 랑 의 우 리 주 - 님 - 생 명 주 셨 네 -
D G Bm7
소 리 쳐 찬 양 해 - 기 쁨 을 주 시 는 우 리 왕 -
Em Am D G
찬 양 의 제 사 드 리 며 - 주 님 께 경 배 해
G7 C Am G Em
다 와 서 찬 양 해 - 찬 양 해 - 찬 양 해 - 주 님
1. Am7 D G
찬 양 해 주 님 우 리 왕 -
2. Am7 D G
찬 양 해 주 님 우 리 왕 - -

O.T. : Celebrate Come On And Celebrate / O.W. : Trish Morgan, Dave Bankhead
O.P. : Thankyou Music Ltd / S.P. : Universal Music Publishing Korea, CAIOS
Adm. : Capitol CMG Publishing / All rights reserved. Used by permission.

메들리
• 기뻐하며 왕께 (16) • 생명 주께 있네 (85) • 찬양하세 (194)

(신) 1574
(구) 1584

당신은 사랑받기 위해

이민섭

D A/C# Bm Bm/A
당신 은 사랑받기위 - 해 태어난사람 - 당신
G D/F# 1. Em Asus4 A7 2. Em G/A D
의삶속에서 - - 그사랑 받고있지요 - 당신 받고있지 - 요
Fine
G/A D A/C# Bm Bm/A
태초부터 - 시작된 하나님 - 의사랑은 - 우리
G D/F# Em A7 D A/C#
의만남 - 을통해 - 열매를맺고 - 당신이이세상 - 에존
Bm Bm/A G D/F# Em A7 D
재함으로인 - 해 우리 에게얼마나 - 큰 기 쁨이되는지 -
G/A A7 D A/C# Bm Bm/A
당신은사랑받 - 기위해 태어난사람 -
G D/F# 1. Em A7 2. Em G/A D G/A D.S.
지금도그사랑 - 받고있지요 - 받고있지요 - 당신

Copyright © 1998 이민섭. Adm. by KOMCA. All rights reserved. Used by permission.

메들리

• 또 하나의 열매를 바라시며 (56) • 야곱의 축복 (105) • 축복의 사람 (198)

50 달리다굼

(신) 1430
(구) 963

(캄캄한 인생길)

현윤식

1. 캄 캄 한 인 - 생 길 홀 로 걸 어 가 다
운 죄 - 악 의 길 을 걸 어 가 다
2. 주 님 을 떠 - 나 서 세 상 을 향 - 해
의 어 - 려 움 절 망 가 운 - 데
지치 고 곤 하 - - 여 내영혼 깊 은잠이 들었었 네 어두
상하 고 찢 기 - - 어 내영혼 깊 은잠이 들었었
맘대 로 고 집 - 하 며 내영혼 먼 곳으로 나갔었 네 인생
눈물 과 한 숨 - - 과 내영혼 슬 픔속에 잠이드
네 내 - 영 혼 어 둠속에 방 황할 때
네 주 - 님을 떠 나 - 서 방 황할 때
어 디 선 가 들 려오는 주 님음 성
깨어 라 일어나 라 달 리 다굼 일어나 라
일 어나 라 죄악 에 잠 자 던영혼 - - 아

달리다굼

G Em D7 G C
달 리다 굼 깨어 라 일 어 나걸-어 라
G D7 G C
어 둠 은 물러가 고 새날 이 다가오 네
G D G C G
주님 오 실날 멀잖았 네 어둠속 에 잠자 던 영혼 일어나 라
C G/D D7 G
일 어 나 걸-어 라 달 리 다 굼 일어나 라

메들리 • 기도할 수 있는데 (15) • 새롭게 하소서 (84) • 에바다 (109)

51 당신은 영광의 왕

(Hosanna to the Son of David)

(신) 1699
(구) 742

Mavis Ford

메들리
• 예배합니다 (113) • 전능하신 나의 주 하나님은 (147) • 주님 큰 영광 받으소서 (170)

(신) 1199
(구) 1201

당신을 향한 노래

(아주 먼 옛날)

천태혁 & 진경

C2 C/B Am7 Dm7 G CM7 Em7
아주먼옛-날- 하늘에서-는- 당신을향-한-
Dm7 G7 C2 C/B Am7 Dm7 G
계획있었-죠- 하나님께-서- 바라보시-고-
CM7 Em7 Dm7 Gsus4 G7 FM7
좋았더라-고- 말씀하셨-네- - 이세상
G/F Em7 Am7 Dm7
그 무엇-보-다- 귀 하게- 나의 손 으로- 창
G C B♭/C C7 FM7 G/F
조 하였-노-라- - 내가너로- 인 하여-기
Em7 Am7 Dm7 Gsus4 G C C/G G7
뻐 하 노라- 내가 너 를사- 랑 하 노 라 -
C G/B Am B♭2/G C7 F C/E Dm7 Dm7/G G7
사 랑 해 요 - 축 복 해 요 -
C E7/B Am7 C/G Dm7 G7 C
당신의 마 음에 우리의- - 사랑을 드 려 요 -

53 돌아서지 않으리

(주님 뜻대로 살기로 했네 / No turning back)

김영범

C F2/C C F2/C C F2/C C F2/C C F2/C
주님뜻대로- 살기로 했네- 주님뜻 대로-
이세상사람- 날몰라 줘도- 이세상 사람-
세상등지고- 십자가 보네- 세상등 지고-
C F2/C C F2/C C F2/C C F2/C C F2/C C F2/C
살기로 했네- 주님뜻대로- 살기로 했네-
날몰라 줘도- 이세상사람- 날몰라 줘도-
십자가 보네- 세상등지고- 십자가 보네-
C F2/C Em7 Dm7 C F2/C C F2/C Em7
뒤돌아서 - - 지 - 않겠네 - - - - 뒤돌아서 - - 지
Dm7 C G/F F C/E
- 않겠네 - 어떠한 시련이-와도 - 수많은
이해못-하고 - 우리를
G/F F C Am D7
유혹속-에도 - - - 신실하신 -주님- 약속 -나붙들리라
조롱하-여도 - - - 신실하신 -주님- 약속 -만붙들리라
1.G sus4 G 2.G sus4 G C F/C C
- - 세상이 - 결코 돌아서지 않으리

메들리

• 사랑의 손길 (78) • 오 신실하신 주 (122) • 주가 보이신 생명의 길 (159)

(신) 1020
(구) 921

돌아온 탕자

54

(멀고 험한 이 세상 길)

김석균

A D E7 A E7
멀 고 험 한 - 이 세 상 길 소 망 없 는 나 그 네 - 길
무 거 운 짐 - 등 에 지 고 쉴 곳 없 어 애 처 로 운 몸
눈 물 로 써 - 회 개 하 고 아 버 지 의 품 에 안 기 어
A A7 D E7 A
방 황 하 고 - 헤 매 이 며 정 처 없 이 살 - 아 왔 네
쓰 러 지 고 - 넘 어 져 도 위 로 할 자 내 겐 없 었 네
죄 악 으 로 - 더 럽 힌 몸 십 자 가 에 못 - 박 았 네
A F♯m E E7 A
의 지 할 곳 없 는 이 몸 위 로 받 고 살 고 파 서
세 상 에 서 버 림 받 고 귀 한 세 월 방 탕 하 다
구 원 함 을 얻 은 기 쁨 세 상 에 서 제 일 이 라
A D A/E E7 A
세 상 유 혹 따 라 가 다 모 든 것 을 다 잃 었 네
아 버 지 를 만 났 을 때 죄 인 임 을 깨 달 았 네
영 광 의 길 허 락 하 신 내 주 예 수 찬 양 하 네

메들리
• 나 (18) • 달리다굼 (50) • 주여 이 죄인이 (182)

55 두 손 들고 찬양합니다

(신) 1600
(구) 1263

(I lift my hands)

Andre Kempen

E F#m7 E/G#
두 손들고 찬양 합니다 다시 오실왕
A2 E F#m7 B7 Esus4 E
여 호와께 오직주만이 나 를다스리 네 –
Bsus4 B7 A/E E
나주님만을섬 기 리 – 헛된마음 버 리고 –
Bsus4 B7 A/E E
성령이여 내 영혼 – 충만하게 하 소 서 –
A F#m B B7 A2/E E
주 님앞 에 내생 명 드리리 라 –

메들리
• 빛 되신 주 (76) • 아바 아버지 (104) • 왕이신 나의 하나님 (131)

(신) 1978
(구) 1632

또 하나의 열매를 바라시며

(감사해요 깨닫지 못했었는데)

설경욱

D A/C# Bm Bm/A G A
감사 해요 깨닫지못했 었는데 - 내가 얼마나 - 소중한존재
D Am D7 G A D F#m/C# Bm
라 는걸 - 태초부터지금까지 하 나 님 의 사랑은 - 항
Em Em/D G/A A7 D A/C#
상 날향하고있었 다 는 걸 - 고 마 워 요 - 그사랑을가르
Bm Bm/A G A D Am C/D
쳐준당신께 - 주 께서허락하 - 신당신 께 그 리 스
G A F#m B7 Em G/A
도의사랑으 - 로더욱 섬 기 며 - 이제 나도세상에 - 전하리
D G/A D A/C# Bm B7
라 당 신 은 사랑받 기 - 위 해 그 리 고
Em A7 D Am C/D G A7
그사랑 - 전하기 - 위 해 주 께 서 택 하시고 - 이땅에
F#m Bm Em A7 D
심 으셨네 또 하 나 의 - 열 매 를 바 라 시 며

57 마음이 상한 자를

(He binds the broken-hearted)

(신) 1882
(구) 1624

Stacy Swalley

F C/E Dm7 F/C
마 음 이상 - 한자 - 를 고 치 시는 - 주 님 -
성 령 으로 - 채우 - 사 주 보게하 - 소 서 -
B♭2 F/A Gm7 B♭/C C
하 늘의 - 아 버 - 지 날 주 관하 - 소 서 - -
주 의임 - 재 속 - 에 은혜 알 게하 - 소 서 - -
F C/E Dm7 F/C
주 의 길로 - 인 도 - 하 사 자 유 케 하 - 소 서 -
주 뜻 대로 - 살 아 - 가 리 세 상 끝날 - 까 지 -
B♭ F/A Gm7 B♭/C
새 일 을 행 하 - 사 부 흥 케 - 하 - 소 서 -
나 를 빚 으 시 - 고 새날 열 어 주 - 소 서 -
C F Am7 B♭2 F/A Gm7 B♭/C F C7
의에 주 리고 - 목이 마 르니 - 성령의 - 기름 - 부으 - 소 서
F Am7 B♭M7 F/A Gm7 C F
의에 주 리고 - 목이 마 르니 - 내잔을 - 채워 - 주소 서

메들리

• 성령의 불로 (89) • 아바 아버지 (104) • 아버지 사랑합니다 (106)

(신) 1570
(구) 1625

마지막 날에

이 천

G Em C
마 지 -막- 날- -에- 내 -가-
C D7 G
나의 -영- 으 로 모 -든- 백 성
Em C D7
에 게- 부 -어- 주리 라 - -
G Em
자녀들은 예 언할-것이요 청년들은 환 -상-을보고
C Am Dsus4 1. D7 2. D7
아비들은 꿈 을꾸- -리라 주의영이임하 -면- -면-
G Em C Am Dsus4 D7
성 령 - 이 여 - 임 - 하소 서 -
G Em C D7 G
성 령 - 이 여 - 우리 에 게 임하 소 서 -

메들리

• 성령의 불타는 교회 (90) • 예수 열방의 소망 (116) • 주님의 영광 나타나셨네 (175)

59 만족함이 없었네

(사람을 보며 세상을 볼 땐)

(신) 1037
(구) 926

최영택

F Dm F C7
사람을보며 세상을볼땐 만족함이없었네
F Dm Gm7 C7 F
나의하나님 그분을뵐땐 나는만족하였네
1. F B♭ C7
저기빛나는 태양을보라 또 저기서있는 산을보아라
F Dm Gm7 C7 F
천지지으신 우리여호와 나를사랑하시니
F Dm Gm7 C7 F
나의하나님 한분만으로 나는만족하겠네
2. F B♭ F B♭ F C
동남풍아 불어라 서북풍아 불어라
F Dm Gm7 C7 F
가시밭의백합화 예수향기날리니 할렐루야아 - 멘
F Dm Gm7 C7 F
가시밭의백합화 예수향기날리니 할렐루야아 - 멘

말씀하시면

(주님 말씀하시면)

김영범

D G/D A/D D
주님 말씀하-시면 - 내가 나아가-리다 -
D G A D
주님 뜻이아-니 면 - 내가 멈춰서-리다 -
D/F♯ G A A/C♯ D
나의 가 고서-는것 - 주님 뜻 에있-으 니 -
D/F♯ G2 G/A D 1.
오 주 -님- 나 를 이끄- 소 -서- 주님
2. D /F♯ A/G D/F♯ G A Bm7 D/F♯
뜻하 신 그-곳에 - 나있 기 원합-니-다 - 이끄
A/G D/F♯ G A Bm7 D/F♯ A/G
시 는-대로 - 순종 하 며살-리-니 - 연약 한 내-영혼
D/F♯ G A Bm7 D/F♯ Em7 D/F♯ GM7
- 통하 여일하-소-서 - 주님 나라와- 그 뜻을위-하여
Asus4 1. A D/F♯ 2. A D/F♯ G2 G/A D
- 뜻하 오-주 -님- 나 를이끄- 소 -서-

61 먼저 그 나라와 의를

(신) 1850
(구) 1098

(Seek ye first)

Karen Lafferty

C G/B Am C/G F C/E Dm7 G7
먼 저그나-라와 의를구하라 그 나라와-그의 를
사 람이떡으로만 살것아니요 하 나님말-씀으 로
구 하라그리하면 주실것이요 찾 으라찾을것이 요
C G/B Am C/G F C/E Dm7 G7 C
그 리하면 이- 모-든것을 너희에게더 하시 리 라
그 리하면 이- 모-든것을 너희에게더 하시 리 라
두 드리라 문이 열릴것이니 할-렐-루 할렐 루 야
C Em F C F C Dm G7
할 렐 루 야 할 렐 루-야
C Em F C F C Dm G7 C
할 렐 루 야 할 렐-루 할렐 루 야

메들리
• 목마른 사슴 (66) • 심령이 가난한 자는 (100) • 예수 사랑해요 (114)

(신) 2018
(구) 1648

모든 능력과 모든 권세

(Above All)

Lenny LeBlanc & Paul Baloche

63 모든 민족에게

(Great awakening)

(신) 2068
(구) 1522

Ray Goudie, Dave Bankhead & Steve Bassett

O.T. : Great Awakening / O.W. : Ray Goudie, Dave Bankhead, Steve Bassett
O.P. : Integrity's Hosanna! Music, New Generation Music / S.P. : Universal Music Publishing Korea, CAIOS
Adm. : Capitol CMG Publishing / All rights reserved. Used by permission.

(신) 1488
(구) 1742

모든 열방 주 볼 때까지

(내 눈 주의 영광을 보네)

고형원

내 눈 주의 영광 을 보네 우리가운데 - 계신주 님
그빛난영광 온하늘덮고 그찬송온땅가 - 득 해 내
눈 주의 영광 을 보네 찬송가운데 - 서신주 님 주
님의얼굴은 온 세상향하네 권능의팔을드 - 셨 네 주의
영광 이곳에 - 가득 해 우린 서네 주님과 함 께 - - -
찬양하 며 우리는 전진 하 - 리 - 모든열 - 방주볼때까 지
Fine
하늘 아버지 - 우릴 새롭게 하 사 열방 중에서 - 주를
섬기게 하소서 - 모든 나라일어나 - 찬송부르며 -
영광의 주 님을 - 보 게 하 - 소 서 주의
D.S

65 모든 이름 위에 뛰어난 이름

(신) 1819
(구) 1363

고형원

D F♯m Bm /A G Em Asus4 A7
모든 이름위 - 에뛰어난 - 이 름 예수는 주 예수는 주
D F♯ Bm /A G A D G/A
모두 무릎 꿇 고 경 배를드리세 예 수 는만유의 - 주 님
D F♯m G A D D7
예수는 주 예 수는 주 온 천 하만물우 - 러 러
G A/G F♯7 Bm G A G A G/D D
그 보 좌앞 영 광을돌리 - 세 예 수 예수 예수 는 - 주 -

메들리

• 성령의 불로 (89) • 예수 이름이 온 땅에 (119) • 주의 거룩하심 생각할 때 (183)

(신) 1830
(구) 608

목마른 사슴

66

(As the deer)

Martin J. Nystrom

D A/C# Bm D/A G A7 D
목 마 른 사슴 시 냇 물을찾아 헤 매이 듯 이
금 보 다 귀한 나 의 주님내게 만 족주 신 주
D A/C# Bm D/A G A7 D A/C#
내 영 혼 주를 찾 기 에 - 갈급 하 - 나 이 다
당 신 만 이 - 나 의 기쁨또한 나 의참 보 배
Bm Bm/A G D/F# G Em F#
주 님 만 이 - 나 의 힘 나 의 방 패 나의 참 소 망
D A/C# Bm D/A G A7 D
나 의 몸 정성 다 바 쳐서주님 경 배합 니 다

메들리
• 선하신 목자 (86) • 주께 와 엎드려 (162) • 주님과 같이 (172)

67 무화과 나뭇잎이 마르고

(신) 1890
(구) 1254

(Though the fig tree)

Tony Hopkins

A A7 D A
무화과 나 뭇 잎 이 - 마 르고 - 포도 열 매가없 으며 -
A F♯m B7 E7
감 람 나무열매 그 치고 논밭에 식 물이없 어도 -
A A7 D A
우리 에 양 떼 가 없 으며 외양간 송 아지없 어도 -
A F♯m Esus4 E7 D A
난 여호와 로 즐거워하리 난 여호와 로 즐거워하리
A F♯m B7 E7 A
난 구 원의하 나 님 을 인해 기 뻐 하 -리라 -

메들리 • 기뻐하며 승리의 노래 부르리 (17) • 손을 높이 들고 (93) • 크신 주께 (200)

(신) 1781
(구) 1538

물이 바다 덮음 같이

(세상 모든 민족이)

고형원

G D/F# C/E G/D C G/B Am
세상 모든민족이 - 구원 을얻기까지 - 쉬지않으시는 - 하 나님 -
G D/F# Em Bm C D7 G C/G
주의 심 장 가 지고 - 우리 이 제 일 어나 - 주 따 르 게 하 소 서
G D/F# C/E G/D C G/B Am
세상 모든육체가 - 주의 영광보도록 - 우릴부르시는 - 하 나님 -
G D/F# Em Bm C D7 G
주의 손 과 발 되어 - 세상 을 치 유 하 며 - 주 섬 기 게 하 소 서
G2 Bm Am /G F Am7 D7 G2
물이바다덮음같이 - 여호 와의영광을 - 인정하는것이 온세상가득하리라
Bm7 C D7 C D7 C D7 G
- 물이 바다덮음같이물이 바다덮음같이 물이 바 다 덮음같이 -
F G Am D7 G
보 리 라 그 날 에 주의 영 광 가 득 한 - 세 상
F Em Am /G Dsus4 D
우 리 는 - 듣 게 되 리 온세 상 가 득 한 승 리 의 - 함 성
D.S.

69 반드시 내가 너를

(신) 1799
(구) 1288

박이순

반 드시내가너를 축복하리라 반 드시내가너를 들어쓰리라
천 지는변 해도 나의약속은 영 원히변치않으 리
세 상의소 망이 사라졌어도 온 전히나를믿으 라
두려워 말라 강하고 담대하라 낙심하며 실망치말라
두려워 말라 강하고 담대하라 인내하며 부르짖으라
낙심하며 실망치말라 실 망 치 말 라 –
인내하며 부르짖으라 부 르 짖 으 라 –
네 소원이루는날 속히오리니 내 게 영광돌리 리
영 광의그 – 날이 속히오리니 내 게 찬양하리 라
네 소원이루는날 속히오리니 내 게 영광돌리 리
영 광의그 – 날이 속히오리니 내 게 찬양하리 라

메들리

• 내가 산을 향하여 (12) • 사랑하는 나의 아버지 (27) • 찬양을 드리며 (66)

(구) 1760

보라 너희는 두려워 말고

70

이연수

메들리

• 나의 안에 거하라 (27) • 모든 민족에게 (63) • 하나님은 우리의 피난처가 되시며 (209)

71 보혈을 지나

(신) 1272
(구) 1623

김도훈

G Bm7 Em C
보 혈을지-나- 하나님품으로- 보 혈을지-나-
Am7 D G Bm7 Em7
아버 -지 품으로- 보 혈을지-나 - 하 나님품으로-
C C/D 1. G C/D 2. G C/D G
한걸 음씩 나- 가네 - 보 - 존귀 한
D C C/D G C/D G
주보 혈이- 내영 을 새롭게-하 시 -네 존귀 한
D C C/D G
주보 혈이- 내영 을 새롭게-하네 -

메들리
• 나 주님의 기쁨되기 원하네 (20) • 내가 주인 삼은 (39) • 주님과 같이 (172)

(신) 1033
(구) 1361

부흥

(이 땅의 황무함을 보소서)

고형원

A E/G♯ F♯m /E D E E7
이땅의황무함을 보소서- 하늘의 하나님- 긍휼을 베푸시는주여
AM7 E/G♯ F♯m /E Bm/D G/D E E7
우 리의죄악용서 하소서- 이 땅 고쳐주소 서
A E/G♯ F♯m /E D E E7
이제우리모두하 나되어- 이땅의 무너진- 기초를 다시쌓을때
AM7 E/G♯ F♯m Bm/D G/D Esus4
우 리의우상들을 태우실- 성령의불-임하소 서
A2 F♯m Bm Esus4 E
부흥의불길-타오르게 하소서- 진리의말씀-이땅새롭게하소서-
A2 F♯ Bm Esus4
은혜의강물-흐르게 하소서- 성령의바람-이제불어 와
AM7 C♯m/G♯ F♯m /E D Bm E
오- 주 의영- 광 가 득한 새 날주소 서
AM7 C♯m/G♯ F♯m /E Bm E7 A
오- 주 님나- 라 이 땅에 임 하소 서

73 부흥 2000

(신) 1438
(구) 1548

(오소서 진리의 성령님)

고형원

D A/C# Bm /A G D/F# Em A7
오소서진리의 성령님- 이땅흔들며 임 하소서-
D F#m Bm /A GM7 A7 D
거짓과탐욕 죄 악에무너진- 우리 가슴정케하소 서
D A/C# Bm /A G D/F# Em A7
오소서은혜의 성령님- 하늘가르고 임 하소서-
D F#m Bm /A G A7 D
거룩한불꽃-하늘 로서임하사- 타오 르게하소서주영광위 해
D A/C# Bm /A G A D
부흥의불길-타오르게 하소서- - 진리 의말씀-이땅새롭게하소 서
D A/C# Bm /A G E7/G# Asus4 A7
은혜의강물-흐르게 하소서- - 성령 의바람- 이땅가득불어 와
G A F#m Bm G A7 D
흰옷입-은주의 순결한백성 주의 영광위해 이제일어 나
G A F#m Bm G A7 G/D D
열방을-치유하 며행진하는 영 광 의그날을주-소 서

불 속에라도 들어가서

(죄악된 세상을 방황하다가)

최수동 & 김민식

F Dm Gm C7
죄악된 세상을 방황하다가
탕자를 살려준 주님말씀에
골고다 언덕길 오르신예수
F Dm Gm/B♭ C7
천국과 지옥도 나-는 몰랐네
죄인의 두다리 묻-어 두었네
추수할 일꾼들 찾-아 부르네
F Am B♭ /D C7/E
고집대로 영죽을 험한세상이
아들이여 일어나 내손을잡고
거친바다 험한산 피가맺혀도
F B♭ F /C C7 F
왜그리 -더러운지 이제야아네
남은몸 -모든영혼 바치라하네
십자가 -내가지고 끝내이기리
F Am B♭
불속에라도 들어 가서 - 불속에라도 들어 가서 -
C7 F Gm C7 F
세상에 널리 전하리 주의사랑을

75 비전

(신) 1049
(구) 1352

(우리 보좌 앞에 모였네 / Vision)

고형원

A AM7 D E A
우리 보 좌앞에 모 였네 함께주를찬양-하 며
D E C#m F#m D Bm E
하 나님의사랑그 아들주셨네 그의피로우린 구원받았 네
A AM7 D E A
십자 가 에서쏟으신그 사랑 강같이온땅에-흘 러
D E C#m F#m D Bm Esus4 E
각 나라와족속 백 성방언에서 구원받고주 경배드리 네
A F#m7 D2 Bm E
구 원하심이-보 좌에앉으신 우 리하나님과 어 린양께있도다
A2 F#m7 D2 Bm E A
구 원하심이-보 좌에앉으신 우 리하나님과어 린양께있도 다

메들리
• 모든 민족에게 (63) • 부흥 (72) • 이 산지를 내게 주소서 (143)

(신) 1669
(구) 1765

빛 되신 주

(Here I am to Worship)

Tim Hughes

E Bsus4 F#m E Bsus4 A
빛 되신주 어둠 가 운데비추사 내 눈보게 하소 -서-
만 유의주 높임 을 받으소-서 영 광중에 계신 -주-
E Bsus4 F#m E Bsus4 A
예 배하는 선한 마 음주시-고 산 소망이 되시 -네-
겸 손하게 이땅 에 임하신-주 높 여찬양 하리 -라-
A B7 E B7 E/G#
나주를경배 하 리 엎드려절 하 며 고백해주 나 의 하 나 님
A B7 E B/D# E/G# A
- 오 사랑스런 주님 존귀한예 수 님 아름답고 놀라우신주 -
Fine
A B C#m A B/D# E/G#
다알수 -없네- 주의 -은 혜- 내죄 -위한- 주십
1. A 2. A B7 D.S. al Fine
-자 가 -다 알 수 -자 가- 나 주를경배

메들리

• 두 손 들고 (55) • 산과 바다를 넘어서 (81) • 주 예수 나의 당신이여 (155)

77 사나 죽으나

(신) 1795
(구) 1268

(이제 내가 살아도)

최배송

(신) 1567
(구) 913

사랑의 손길

78

(나를 위해 오신 주님)

문찬호

나를위 해 오신주 님 나의죄를 위하여 서
이세상 에 오신주 님 나의죄를 위하여 서
유대민 족 들-에 게 잡히시 던 -- 그날밤 에
로마병 정 창과칼 에 찔리시 던 -- 그날오 후
아무런 말 도-없 이 우리에게 사-랑 을
아무런 말 도-없 이 우리에게 평-안 을
보여주 신 주님예 수 십자가를 -- 지-셨 네
약속하 신 주님예 수 십자가에 -- 못박혔 네
그러나 언 젠가 주님을 부인하며 원망 하 고 있을때 에
나에게 오 셔서 사랑의 손 길로 어루만 지 셨 네
거절할 수 없어 외면할 수 없어 주님의 그 손을 잡았었 네
주님의 사 랑에 뜨거운 눈 물을 흘리고 야 말았다 네

79 사랑하는 나의 아버지

(Blessed be the Lord God Almighty)

(신) 1516
(구) 560

Robert D Fitts

C C#dim7 Dm F/G G C F/G
사랑하는 나의 아버지 - 이 름높여드립 니 다
C A7 Dm F/G C
주의 나라 찬양속에 임하시니 - 능력 의 주께찬송하 네
G7 C C/E G/F F F/G G7 C
전능하 - 신 하 나 님 찬 - 양 언 제나동일하 신 주 - -
F/G C C/E G/F F Dm F/G G7 C (Bb/C C7)
전 능하 - 신 하 나 님 찬 - 양 영 원 히다스 리 네
Fine
F G/F Em F G7 C B♭/C
나주의이름높 - 이 리 나주의이름높 - 이 리 - - -
F G E/G# Am F G7 C F/G
하늘높이올린 깃 - 발 - 처럼 - - - 주의이름높 - 이 리전능하 - 신
D.S.

메들리 • 내 구주 예수님 (32) • 예수 사랑해요 (114) • 주의 거룩하심 생각할 때 (183)

(신) 1716
(구) 1616

사랑합니다 나의 예수님

김성수 & 박재윤

G Em7 Am7 D7
사랑합니 다 나의예수 님 사랑합니 다 아주많이 요
G Em7 Am7 D7 G
사랑합니 다 나의예수 님 사랑합니 다 그것뿐예 요
G D/F# Em7 C Am7 Dsus4 D7
사 랑 한 다 아 들 아 내 가 너 를 잘 아 노 라 -
G D/F# Em7 C Am D G
사 랑 한 다 내 딸 아 네 계 축 복 더 하 노 라 -

메들리

• 나의 안에 거하라 (27) • 내가 주인 삼은 (39) • 주님 한 분 만으로 (171)

81 산과 바다를 넘어서

(나를 향한 주의 사랑 / I could sing of Your love forever)

(신) 1503
(구) 1904

Martin Smith

(신) 1525
(구) 780

살아계신 주

(주 하나님 독생자 예수 / Because He lives)

Gloria Gaither & William J. Gaither

E7 A E A7 D A E7
주 하 나 님 독 생 자 예 수 날 위 하 여
주 안 에 서 거 듭 난 생 명 도 우 시 는
그 언 젠 가 주 뵐 때 까 지 주 를 위 해
A Bm7 E7 A E7 A7 D
오 시 었 네 내 모 든 죄 다 사 하 시 고
주 의 사 랑 참 기 쁨 과 확 신 가 지 고
싸 우 리 라 승 리 의 길 멀 고 험 해 도
Bm7 A E7 D A
죽 음 에 서 부 활 하 신 나 의 구 세 주
예 수 님 의 도 우 심 을 믿 으 며 살 리
주 님 께 서 나 의 앞 길 지 켜 주 시 리
A E7 A A7 C#7 D Bm7 A E7
살 아 계 신 주 나 의 참 된 소 망 걱 정 근 심
A F#m Bm7 E D/E E A E7 A D
전 혀 없 네 사 랑 의 주 내 갈 길 인 도 하 니
Bm7 A F#m B7 E7 A
내 모 든 삶 의 기 쁨 늘 충 만 하 네

메들리

• 가서 제자 삼으라 (1) • 예수가 좋다오 (120) • 하늘 위에 주님 밖에 (212)

83 새 힘 얻으리

(신) 2111
(구) 2239

(Everlasting God)

Ken Riley & Brenton Brown

A Asus4 A Asus4 A
새힘얻으리주 - 를바랄때 주 - 를바랄때우리주
1. Asus4 A 2. Asus4 A /C# D A/C# D E F#m
- 를바랄때 - 를바랄때주님 - 통치 - 하시 - -
E A/C# D A/C# D E F#m E
네 소망 - 구원 - 주시 - - - 는 - -
A A/C# D D
당신은영 - 원하신주 - 내영 - 원하신주
약한자방 - 패되시며 - 위로 - 자되신주
F#m D 1. 2. D A
- 지치 - 지않으시는주님 - 시네 -
- 독수 - 리같은힘주

메들리

• 예수 열방의 소망 (116) • 위대하신 주 (140) • 하늘 위에 주님 밖에 (212)

(신) 1708
(구) 850

새롭게 하소서

(해 아래 새 것이 없나니)

이종용

G C G C Am7 D7
해아래 새것 이- 없나니 이 죄 인살 리신 주
G C G C A7 D7
보라새 롭게 된이 피조물 주 의 놀라 운권 능
G D Am7 D7 G
찬 양 하세우리 주 오 주 여영 광받 으 소 서
G D Am7 D7 G
새 롭게 하소 서 새 롭게 하소 서
G D D7 G
새 롭게 하소 서 늘 새 롭게 하소 서

메들리

• 낮엔 해처럼 (30) • 달리다굼 (50) • 산과 바다를 넘어서 (81)

85

생명 주께 있네

(신) 1687
(구) 1553

(My life is in You Lord)

Daniel Gardner

O.T. : My Life Is In You Lord / O.W. : Daniel Gardner
O.P. : Integrity's Hosanna! Music / S.P. : Universal Music Publishing Korea, CAIOS
Adm. : Capitol CMG Publishing / All rights reserved. Used by permission.

메들리

• 나는 주만 높이리 (21) • 다 와서 찬양해 (48) • 찬양하세 (194)

(신) 1513
(구) 1615

선하신 목자

(Shepherd of my soul)

Martin J. Nystrom

D Em7 G/A A7 D A/C♯
선 하 신 - 목 자 - 날 사 랑 하 - 는 분 -
Bm7 Em7 G/A A
주 인 도 하 - 는 곳 - 따 라 가 - - 리
D Em A A♯dim7 Bm A
주 의 말 - 씀 을 - 나 듣 기 위 - 하 - 여
G D/F♯ Em G/A 1. D G/A 2. D Am D7
주 인 도 하 - 는 곳 - 가 려 네 네 나를
GM7 A/G F♯m A/B B7
푸 른 초 - 장 과 - 쉴 만 한 물 - 가 로 -
Em7 G/A D Am D7
내 선 하 신 - 목 자 - 날 인 - 도 해 -
GM7 A/G F♯m A/B B7
험 한 산 과 골 - 짜 기 - 로 - 내 가 다 닐 찌 - 라 도 -
Em7 G/A D
내 선 하 신 - 목 자 - 날 인 - 도 해 -

O.T. : Shepherd Of My Soul / O.W. : Martin J. Nystrom
O.P. : Universal Music - Brentwood Benson Publ. / S.P. : Universal Music Publishing Korea, CAIOS
Adm. : Capitol CMG Publishing / All rights reserved. Used by permission.

87

성령 받으라

(신) 1690
(구) 680

최원순

F Dm C7 F C
성령받으라 성령받으라 예수내게말씀하셔 서 -
평안있으라 평안있으라 예수내게말씀하셔 서 -
구원받으라 구원받으라 예수내게말씀하셔 서 -
축복받으라 축복받으라 예수내게말씀하셔 서 -
F Dm C7 F
성령받으라 성령받으라 예수내게말씀하셔 서
평안있으라 평안있으라 예수내게말씀하셔 서
구원받으라 구원받으라 예수내게말씀하셔 서
축복받으라 축복받으라 예수내게말씀하셔 서
B♭ F C
할 렐 루 야 성령받았네 나는성 -령받았 네
할 렐 루 야 평안해졌네 나는평 -안해졌 네
할 렐 루 야 구원받았네 나는구 -원받았 네
할 렐 루 야 축복받았네 나는축 -복받았 네
B♭ F C7 F
할 렐 루 야 성령받았네 나는성 -령받았 네
할 렐 루 야 평안해졌네 나는평 -안해졌 네
할 렐 루 야 구원받았네 나는구 -원받았 네
할 렐 루 야 축복받았네 나는축 -복받았 네

Copyright © 최원순. Adm. by KOMCA. All right reserved. Used by permission.

메들리

• 만족함이 없었네 (59) • 성령의 불길 (88) • 승리는 내 것일세 (95)

(신) 1831
(구) 1174

성령의 불길

(참참참 피 흘리신)

88

김용기

F Gm Gm7 A
참 참 참 피 - 흘 리 신 예 수 의 사 랑 안 에 서
참 참 참 들 - 려 오 는 구 원 의 큰 종 소 리 에
Gm B♭ F/C C7 F
주 님 의 십 자 가 따 라 생 명 을 바 치 겠 느 냐
복 음 을 전 파 하 려 면 희 생 을 각 오 하 느 냐
F B♭ F B♭ F C C7
복 음 의 불 길 오 른 다 다 같 이 일 어 나 거 라
구 원 은 성 도 들 의 것 진 리 로 거 두 리 로 다
B♭ F C C7 F
영 광 의 주 님 의 나 라 다 같 이 참 여 하 여 라
우 리 는 천 국 에 가 서 영 생 의 꽃 이 되 리 라
F Dm B♭ C7
성령의성령의불길 성령불이야 성령의성령의불길 성령불이야
B♭ F 1.Gm7 C 2.Gm C7 F
온 천하 세계만방에 퍼치자성령의불 길 퍼치자성령의불 길

메들리

• 만족함이 없었네 (59) • 성령 받으라 (87) • 성령의 불타는 교회 (90)

89

성령의 불로

(구) 1764

(예수님 목 마릅니다 / Holy Spirit Fire)

Scott Brenner

E A/E C#m E/B
1. 예 수 님 목 - 마 - 릅 - 니 - 다 - -
주 님 을 사 - 모 - 합 - 니 - 다 - -
2. 불 같 은 사 - 랑 - 드 립 - 니 다 - -
이 세 상 어 - 느 - 것 - 보 - 다 - -
A E/G# F#m7 Bsus4 B
오 시 어 기 - 름 - 부 - 으 - 소 서 -
오 셔 서 채 - 워 - 주 - 소 - 서 - -
나 의 간 구 - 를 - 들 - 으 - 소 서 -
주 님 을 의 - 지 - 합 - 니 - 다 - -
E B/D# C#m E/B
성 령 의 - 불 - 로 - 성 령 의 - 불 - 로 -
성 령 의 - 불 - 로 - 성 령 의 - 불 - 로 -
A E/G# A Bsus4 B E
임 - 하 - - 소서 - 임 - 하 - - 소서 -
기 름부 - 으소서 - 기 름부 - 으소서 -

메들리
• 성령 받으라 (87) • 성령의 불길 (88) • 성령의 불타는 교회 (90)

(신) 1557
(구) 1888

성령의 불타는 교회

90

(성령님이 임하시면 / Church on Fire)

Russell Fragar

4/4
G7 C7
성령 님이임하시면능력 이나타 나 – 모 – 든것이일어날수
C7 A7 D7 G
있게되죠 – 참 – 선한것이 선한 것이여기일어나 – 네 –
G G7 C7
어두움 – 을 – 물리치는 빛이있 네 – 능 – 력힘입어 난두
C7 A7 D7 G
렵지않네 – 참 – 선한것이 선한 것이여기일어나 – 네 –
G C/G G D/F# Em
성령의 불 타는교 – 회 – 성령의 불 꽃임 – 하네 – 온마음
C/G G Am7 D7 CM9 G/B
다 하 여 – 서 주이름 높 이 세 – 우 리의마 – 음불 – 타네 –
CM9 G/B Am7 D7
그 빛 을전 – 하 기 – 위 해 – 사랑 의 불꽃 – 전 하 – 세 –
C2 C2/D 1. G 2. G C/G G
주를위한 – 성령의불 – 타는교 – 회 – – 회 –

O.T. : Church On Fire / O.W. : Russell Fragar
O.P. : Hillsong Music Publishing / S.P. : Universal Music Publishing Korea, CAIOS
Adm. : Capitol CMG Publishing / All rights reserved. Used by permission.

91 성령이 오셨네

(허무한 시절 지날 때)

(신) 1607
(구) 2216

김도현

C E7(b13)(#9) Am7 Gm7 F#7(♭5) FM7 Em7 Am7
허무한시절지날때 - 깊은한숨내쉴때 - 그런풍경보 -시며 - 탄식
억눌린자갇힌자 - 자유함이없는자 - 피난처가되 -시는 - -성
D sus4 D7 G7 C E7(b13)(#9) Am7 Gm7 F#7(♭5)
하는분 -있네 - 고아같이너희를 - - 버려두지않으리 -
령님계 -시네 - 주의영이계신곳에 - 참자유가있다네 -
FM7 Em7 Am7 Dm7 G7 C G7 C Dm7
내가너희와영원히 - 함께하 -리라 - 성령이오 -셨네 -
진 - 리 - 의영이신 - 성 령이오 -셨네 -
E sus4 E7/G# Am7 Gm7 FM7 Em7 Am7 C2/D D7 G7 /F
성 - 령이오셨네 - 내주의보내신 - 성령이오 -셨네 -
C/E Dm7 E sus4/B E/G# Am7 Gm7 FM7 C/E Dm7 G7(♭9) C
우리인생가운데 - 친히찾아 -오셔서 - 그나라꿈꾸게하시네

Copyright © 김도현. Adm. by KOMCA. All rights reserved. Used by permission.

메들리
- 너는 내 아들이라 (44)
- 예수 사랑해요 (114)
- 창조의 아버지 (195)

(신) 1944
(구) 869

세 개의 못

(그때 그 무리들이)

J. Davis

그 때 그 무 리 들 이 예 수 님 못 박 았 네
주 여 저 들 의 죄 를 용 서 하 여 주 소 서
비 웃 는 저 무 리 들 주 의 옷 벗 긴 후 에
주 여 나 의 영 혼 을 받 아 주 시 옵 소 서

녹 슨 세 개 의 그 못 으 로 –
주 님 눈 물 로 기 도 했 네 –
주 님 몸 깊 이 찔 렀 - 네 –
그 때 구 원 을 이 루 셨 네 –

망 치 소 리 내 맘 을 울 리 면 서 들 렸 네
귀 중 한 그 보 배 피 나 를 위 해 흘 렸 네
귀 중 한 그 보 배 피 나 를 위 해 흘 렸 네
마 지 막 피 한 방 울 나 를 위 해 흘 렸 네

그 피 로 내 죄 씻 었 - 네 –
그 피 로 내 죄 씻 었 - 네 –
그 피 로 내 죄 씻 었 - 네 –
그 피 로 내 죄 씻 었 - 네 –

메들리
• 갈보리 십자가의 주님을 (2) • 거룩하신 하나님 (4) • 은혜의 강가로 (142)

93 손을 높이 들고

(Praise Him on the trumpet)

(신) 1380
(구) 665

John Kennett

E A
손을높이들고 주를찬양 - 높은곳을향해 주를찬양 - -
E F#m B7
모 든 만 물들은 주 를 찬 - 양하라 -
E A Am
왕의왕되신 예수 - 다스리시는 예수 -
E B7 E
생 명 있 음 을 찬 양 해 -
E E7 A
할 렐 루 야 주를찬양 - 할 렐 루 야 주를찬양 - -
E 1. B7 2. B7 E
생명있음 을 찬양 해 - 찬양해 - 을 찬 양 해 -

메들리
• 기뻐하며 승리의 노래 부르리 (17) • 존귀 오 존귀하신 주 (149) • 해 뜨는 데부터 (217)

(신) 1717
(구) 1162

순례자의 노래

94

(저 멀리 뵈는 나의 시온성)

G G7 C G Em7
저 멀 리뵈는나 의 시 온 성 오 거 룩한곳
아 득 한나의갈 길 다 가 고 저 동 산에서
A7 D D7 G G7
아 버 지 집 – 내 사 모하는집 에
편 히 쉴 때 – 내 고 생하는모 든
C G Am7 D7 G G7
가 고 자 한 밤 을 새 웠 네 –
일 들 을 주 께 서 아 시 리 –
C G D
저 망 망 한 바 다 위 에 이 몸 이 상
빈 들 이 나 사 막 에 서 이 몸 이 곤
D7 G C
할 지 라 도 – 오 늘 은이곳 내 일 은
할 지 라 도 – 오 내 주예수 날 사 랑
G C G C G/D D7 G
저 – 곳 주 복 음 전 하 리 –
하 – 사 날 지 켜 주 시 리 –

메들리

• 내 평생 살아온 길 (35) • 사랑의 손길 (78) • 주님 예수 나의 동산 (169)

95 승리는 내 것일세

(There is victory for me)

(신) 1544
(구) 1040

Harry Dixon Loes

* | 믿음, 소망, 사랑
| 구원, 응답, 축복

메들리 • 기도하자 우리 마음 합하여 (14) • 오 이 기쁨 (123) • 주 우리 아버지 (156)

(신) 1934
(구) 568

시편 40편

(하나님의 음성을 듣고자)

김지면

C Em F G7 C
하 나님의음성 을 듣고 자 -기-도하 면
주 를의지하- 고 교만 하 지않-으- 면
C7 F G Em A7 Dm Dm7/C B♭ Gsus4 G7
귀- 를 기울이고나 의 기도를 들어주신다- 네
거짓 에 치우치지아 니 하-면 복이있으리- 라
C Em F G7 C C7
깊 은웅덩이- 와 수렁 에 서끌어주시 고
여 호와나의주 는 크신 권 능의-주- 라
F G Em Am F G7 C C7
나의 발 을반석위-에 세 우시사 나 를 튼튼히하셨 네
그의 크 신권능으-로 우 리들을 사 랑 하여-주시 네
F G Em Am F G7 C C7
새 노 래로-부르 자 라라라 하나 님 께올릴찬송 을
F G C E7/B Am F G C
새 노 래로--부르 - 자 하 나 -님-사랑 을

메들리

• 오 신실하신 주 (122) • 주의 거룩하심 생각할 때 (183) • 찬양하며 살리라 (193)

97

시편 57편

(오 주여 나의 마음이 / My heart is steadfast)

(신) 1355
(구) 764

G Am D7 G Em
오 주 여 나 의 마 - 음 이 주 께 로 정 해 졌 - 으 니
Am D7 G
나 - 는 주 찬 양 하 리 라 -
G Am D7 G Bm7 Em
깨 어 라 나 의 영 - 혼 아 비 파 와 수 금 들 - 어 라
Am D7 G
이 새 벽 에 내 가 - 찬 양 하 리 라 -
G7 Am D7 G Em Am
멜 - 로 디 - 멜 - 로 디 - 예 수 님 은
예 - - 수 - 예 - - 수 - 예 수 님 은
1. D7 G
나 의 노 래 -
2. D7 G
나 의 노 래 -

메들리

• 다 와서 찬양해 (48) • 생명 주께 있네 (85) • 찬양하세 (194)

(신) 1521
(구) 2035

신실하게 진실하게

98

(Let me be faithful)

Stephen Hah

D A/C# Bm /A G E/G# A7
신실하게- 진실하게- 거룩하게살게하소 서
D A/C# Bm /A G A7 D
신실하게- 진실하게- 거룩하게살게하소 서
D A/C# Bm /A G E/G# A7
하 나 님--- -나의 마음 -만져 주소서-
하 나 님--- -나의 기도 -들어 주소서-
D A/C# Bm /A G A7 D
하 나 님--- -나의 영혼 새롭게하소 서
하 나 님--- -주의 길로 인도-하소 서

메들리

• 내 이름 아시죠 (33) • 말씀하시면 (60) • 주님 내 안에 (164)

99

실로암

(어두운 밤에 캄캄한 밤에)

(신) 1836
(구) 930

신상근

어 두 운 밤 에 캄 캄 한 밤 에 새 벽 을 찾
가 처 음 만 난 그 때 는 차 가 운 새
아 떠 난 다 - 종 이 울 리 고 닭 이 울 어 도
벽 이 었 소 - 당 신 눈 속 에 여 명 있 음 을
내 눈 에 는 오 직 밤 이 었 소 - 우 리 -
나 는 느 낄 수 - 가 있 었 소
오 주 여 당 신 께 감 사 하 리 라 실 로 암 내
게 주 심 을 - 나 에 게 영 원 한 이 꿈
속 에 서 깨 이 지 않 게 하 소 서 -

메들리

• 그리 아니하실지라도 (10) • 시편 57편 (97) • 에바다 (109)

(신) 1900
(구) 826

심령이 가난한 자는

여명현

101 십자가 그 사랑

(The love of the cross)

(구) 1933

Stephen Hah

(신) 1840
(구) 1608

십자가의 길 순교자의 삶 102

(내 마음에 주를 향한 사랑이 / The way of cross the way of martyr)

Stephen Hah

A E/B A/C# D F#/C# Bm7
내마음에주를향한 사랑이 - 나의말엔주가주신 진리로 -
내입술에찬 - 양의 향기가 - 두손에는주를닮은 섬김이 -
E E7 1. A D/E 2. A
나의눈에주의눈물 채 워 주 소 서 서
나의삶에주의흔적 남 게 하 소
D/E A AM7
하나 님의사랑이 - 영원 히 함 께하리 -
A7 D Bm E
십자 가의길을걷는자에 게 순교 자의삶을사는이에 게
E7 A AM7
조롱 하 는 소 리와 - 세상 유 혹 속 에도 -
A7 D Bm7 A/E E7 A
주의 순결한신부가되리 라 내생 명 주님께 드리 리

메들리

• 예수 우리 왕이여 (117) • 이 산지를 내게 주소서 (143) • 주께 가오니 (160)

103 아무것도 두려워 말라

(Don't Be Afraid)

현석주

C G7/B Am CM7/G F C/E Dm Gsus4 G7
아 무 - 것 도 두 려워말라 주 나의하나님이 지켜주시네 -
Dm G Em Am Dm G7 1.C F/G 2.C C7
놀라지마라 - 겁내지마라 - 주님나를 지켜주시네 - -
F G/F Em Am F G7 C B♭/C C7
내 맘이힘에겨워 지칠지라도 주님나를 지켜주시 네
F G/F Em Am /G F D7 F/G G7
세 상의험한풍파 몰아칠때도 주님나를 지켜주시 네 -
C Em/A Am A7 Dm D7 F/G G7
주 님은 나의 산 성 주 님은 나의 요 새
C Em/A Am A7 Dm G7 C
주 님은 나의 소 망 나 의 힘이 되신여호 와

메들리

• 시편 40편 (96) • 오 신실하신 주 (122) • 약한 나로 강하게 (108)

(신) 1545
(구) 2258

아바 아버지

김길용

E C#m
아 바 아버 - 지 - 아 바 아버 - 지
A E/G# F#m B7
나를 안으시 - 고 바라보 - 시는 아 바아버 - 지 -
E C#m A F#m
아바아버 - 지 - 아바아버 - 지 나를 도우시 - 고힘주시 - 는
E B7 E A
아 버 지 주는 내맘 - 을고치 - 시 고
F#m B7 E A B7
볼수 없는상 - 처만지 - 시 네 나를아 - 시고
G#m7 C#sus4 C#7 F#m B7 E
나를 이해하 - 시네 - 내영 혼새롭게세우 - 시 네

메들리

• 내 이름 아시죠 (33) • 두 손 들고 찬양합니다 (55) • 성령의 불로 (89)

105 야곱의 축복

(너는 담장 너머로 뻗은 나무)

(신) 1977
(구) 1733

김인식

Dm7 G7 C
- 네 길 을 - 축 복 할 - 거 야 너 는 하 나 님 의
G/B Am7 Em/G F
- 선 - 물 - 사랑스런하나 - 님 의 - 열 - 매 - 주의품에
C/E Am Dm7 G7 F/C C
- 꽃 피 운 - 나 무 가 되 어 줘 - -

(구) 1756

아버지 사랑합니다 106

(Father, I Love You)

Scott Brenner

F FM7 B♭ Gm C C7 F C/E
아 버 지 - 사랑합 니 다 - 아 버 지 - 경배합 니 다 -
예 수 님 - 사랑합 니 다 - 예 수 님 - 경배합 니 다 -
성 령 님 - 사랑합 니 다 - 성 령 님 - 경배합 니 다 -
Dm7 /C B♭ Gm C7sus4 C7 F
아 버 지 - 채워주소서 - 당신의 - 사 랑 - 으로 -
예 수 님 - 채워주소서 - 당신의 - 사 랑 - 으로 -
성 령 님 - 채워주소서 - 당신의 - 사 랑 - 으로 -

메들리

• 아바 아버지 (104) • 예수 사랑해요 (114) • 주님 내 안에 (164)

107 아침에 주의 인자하심을

(신) 1931
(구) 743

(시편 92편)

이유정

Copyright © 1988 이유정. Administered by KwangsooMedia. All rights reserved. Used by permission.

(신) 1588
(구) 1726

약한 나로 강하게

(What the Lord has done in me)

Reuben Morgan

3/4
C G C F G Am G/B
약한- 나 로 강 하 게 가 난 한 날 부 하 게 눈 먼-
C G C Dm G C C/E
날 볼 수 있 게 주 내 게 행 하 셨 네 - 호-
G Am F G C
산 나 호- - 산-나 죽 임 당 한 어 린 양 호-
G Am G/B C G 1. C
산 나 호- - 산-나 예 수- 다 시 사 셨 네 호-
2. C F/G C G C F G
네 - 내 가- 건 너 야 할 강 거 기 서 내 죄 씻 겼
Am G/B C G Am Dm G C
네 이 제- 주 의 사 랑 이 나 를 향 해 흐 르 네
C F/G C G C F G Am G/B
- 깊 은- 강 에 서 주 가 나 를 일 으 키 셨 도 다 구 원 의
C G Am Dm G C
노 래 부 르 리 예 수 자 유 주 셨 네 -

O.T. : What The Lord Has Done In Me / O.W. : Reuben Morgan
O.P. : Hillsong Music Publishing / S.P. : Universal Music Publishing Korea, CAIOS
Adm. : Capitol CMG Publishing / All rights reserved. Used by permission.

109

에바다

(어두워진 세상 길을)

(신) 1333
(구) 1279

고상은

E A
어두워진 세상길을 주님없이 걸어가다
아무것도 알수없고 아무것도 볼수없고
E B7 E
나의영혼 어두워졌 네 - 어느것이 길-인지
아무것도 들을수없 네 - 세상에서 방황하며
A E B7 E E7
어느것이 진리인지 아무것도 알수없었 네 -
이리저리 헤매일때 사랑하는 주님만났 네 -
A E B7 E E7
주님없이 살아가는 모 든 삶 실패와 좌절뿐이 네 -
어두웠던 나의눈이 열 리 고 막혔던 귀가열리 네 -
A E B7
사랑하는 나의주님 내 영 혼 눈을뜨 게 하소 서
답답했던 나의마음 열 리 고 나의영 혼 살리 네
B7 E A E B B7
열려라 에 바 다 열려 라 - 눈 을 뜨게하소 서 -
E A E B7 E
죄악으로 어두워진 나의영혼 을 나의눈을 뜨게 하소 서 -

Copyright © 고상은. All rights reserved. Used by permission.

(구) 2099

에벤에셀 하나님

(감사하신 하나님 에벤에셀 하나님)

홍정식

메들리

• 거룩하신 하나님 (4) • 고개 들어 (5) • 모든 능력과 모든 권세 (62)

111 여호와 나의 목자

(신) 1363
(구) 1017

김영기

G C G
3
여 호 와 나 의 목 자 내 게 부 족 없 네
내 영 혼 소 생 하 며 자 기 이 름 위 해
주 님 의 지 팡 이 가 안 위 하 네 나 를
기 름 을 머 리 위 에 바 르 시 는 주 님
G D
푸 르 른 초 장 위 에 나 의 몸 누 이 시 네
의 의 길 인 도 하 니 골 짜 기 두 렴 없 네
주 께 서 원 수 앞 에 상 으 로 베 푸 시 네
평 생 에 선 하 심 과 인 자 함 따 르 리 니
G Em7 C G
선 한 목 - 자 오 나 의 목 - 자 여
G Am7 D7 G
생 수 가 넘 치 는 곳 날 인 도 하 - 시 네

메들리 • 달리다굼 (50) • 선하신 목자 (86) • 우물가의 여인처럼 (139)

여호와의 유월절

(지극히 높은 주님의)

조영준

113 예배합니다

(신) 1087
(구) 2112

(완전하신 나의 주 / I Will Worship You)

Rose Lee

F F/A B♭ F/A Gm7 G/B B♭/C C7
완 전 - 하신나 의 주 의의 - 길로날 - 인 도하소 - 서 -
F F/A B♭ F/A Gm C7 F
행 하 신 - 모든 일주 님의영광 - 다경배합 - 니 다 -
F/A B♭2 F/A Gm C7 F
예배합 - 니다 - 찬양합 - 니다 - 주님만 - 날다스리소서 -
F/A B♭2 F/A Gm C7 F
예배합 - 니다 - 찬양합 - 니다 - 주님홀 - 로높임받으소서 -

메들리 • 거룩하신 하나님 (4) • 아버지 사랑합니다 (106) • 주님 큰 영광 받으소서 (170)

(신) 1671
(구) 561

예수 사랑해요

(Jesus, I love You)

Jude Del Hierro

C F Dm7 G F/C C
예 -수 사 랑 해요 나 주 앞 에 엎드려
C F Dm7 G7 C
경 -배 와 찬 -양 왕 께 드 리 네
Am Dm7 F G F/C C
알 -렐 루 -야 알 렐 루 -야
Am Dm7 F G C
알 -렐 루 -야 알 렐 -루

메들리

• 사랑하는 나의 아버지 (79) • 주께 와 엎드려 (162) • 하나님께로 더 가까이 (206)

115 예수 안에 생명

(죄인들을 위하여)

(신) 1804
(구) 888

메들리 • 실로암 (99) • 사랑의 손길 (78) • 주를 처음 만난 날 (179)

예수 열방의 소망 116

(Hope of the Nations)

Brian Doerksen

117 예수 우리 왕이여

(Jesus, we enthrone You)

(신) 1923
(구) 796

Paul Kyle

A F#m
예 수 - 우 리 왕 이 여 -
D E E7
이 곳 에 오 소 서 -
F#m C#m
보 좌 로 - 주 여 임 하 사 -
D Bm7/E E
찬 양 을 받 아 주 소 서 -
D C#m F#m
주 님 을 찬 양 하 오 니
DM7 E7 A F#m
주 님 을 경 - 배 하 오 니
DM7 E7 A F#m
왕 이 신 예 수 여 오 셔 서
D D/E A
좌 정 하 사 다 스 리 소 서 -

(신) 1218
(구) 745

예수 이름 높이세

118

(수 많은 무리들 줄지어)

최덕신

119 예수 이름이 온 땅에

(신) 1216
(구) 1693

김화랑

D G D G D Asus4 A7
예 수 이 름 이 온 땅 에 - 온 땅 에 퍼 져 가 네
예 수 이 름 이 온 땅 에 - 온 땅 에 선 포 되 네
D G D G D Asus4 A7
잃 어 버린영혼 예수이름 - 그 이름듣고 돌 아 오 네 - -
하 나 님의나라 열방중에 - 열방중에 임 하 시 네 - -
G A F♯m Bm G A D
예수 님 기 뻐 노래하시리 잃어 버린영 혼 돌아올 때 - -
하나 님 기 뻐 노래하시리 열방 이 - 주께 돌아올 때 - -
G A F♯m Bm G A D
예수 님 기 뻐 춤추시리 잃어 버린영 혼 돌아올 때 - -
하나 님 기 뻐 춤추시리 열방 이 - 주께 돌아올 때 - -

메들리
• 주의 사랑을 주의 선하심을 (185) • 주의 자비가 내려와 (187)

(신) 1411
(구) 891

예수가 좋다오

(많은 사람들)

김석균

A C#m D D#dim A/E
많은-사람들 - 참된 진 리를모른채 - 주님곁을
무거운짐진자 - 다-내게-로오라 - 내가너를
그대-가만일 - 참된 행 복을찾거든 - 예수님을
F#m Esus4 E7 A C#m
떠나갔지만 - - 내가만난주님-은 - 참
쉬게하리라 - - 이길만이생명의길 - 참
만나보세요 - - 그분으로인하-여 - 참
D D#dim A/E E7 A D A
사랑-이었고 - 진리였고 소망이었소 - -
복된-길이라 - 항상내게 들려주셨소 - -
평안을얻으면 - 나와같이 고백할거요 - -
A F#m D
난 예수가좋다오 - - 난--
B7/D# Esus4 E7 A A7
예수가좋다오 - - 주를사랑한다던 -
D Dm A/E E7 A D/A A
베드로고백처럼 - 난 예수를사랑한다 오 -

121 예수님이 좋은걸

(신) 1558
(구) 1056

이광무

메들리
• 일어나 걸어라 (144) • 좋은 일이 있으리라 (150) • 하나님은 너를 지키시는 자 (208)

(신) 1244
(구) 995

오 신실하신 주

(하나님 한번도 나를)

최용덕

하나님한 번도 나를 - 실망시킨적없으 시고 -
지나온모 든세 월들 - 돌 - 아보 - 아 - 도 - -
언제나공 평과 은혜 - 로 나를 - - 지키셨 네
그어느것 하나 주의손길 안미친것 전혀없 네
오신실 하 신 주 오신실 하 신 주
내너를떠나지도 않으리라 내너를버리지도 않으리라
약 속하 셨던주님 - 그 약속을지키 사
이 후 로도 영원 토록 - 나를 지키시리라 확신하 네

메들리

• 너는 내 아들이라 (44) • 시편 40편 (96) • 주님 내 안에 (164)

123 오 이 기쁨

(신) 1202
(구) 770

G
D7
오 - 이 기 쁨 -
주 님 - 주 신 것 -
앞 뒤 동 산 에 -
꽃 은 - 피 었 고 -
높 은 하 늘 에 -
종 달 새 우 짖 고 -
오 친 - 구 여 -
즐 겁 게 노 래 해 -
손 뼉 치 면 서 -
즐 겁 게 찬 양 해 -
D7
G
오 - 이 기 쁨 -
주 님 - 주 신 것 -
내 - 맘 속 에 -
웃 음 꽃 피 었 네 -
내 - 맘 속 에 -
기 쁜 - 노 래 있 네 -
오 - 친 구 여 -
즐 겁 게 노 래 해 -
손 뼉 치 면 서 -
즐 겁 게 찬 양 해 -
G
G7
C
오 이 기 쁨 -
주 님 주 신 것 - 주 께
G
Em7
G/D
D7
G
영 광 할 렐 루 - 야 -
주 만 찬 양 해 -

메 들 리
• 기뻐하며 왕께 (16) • 그리 아니하실지라도 (10) • 찬양하세 (194)

(신) 1941
(구) 1096

오늘 집을 나서기 전

124

M .A. Kidder & W. O. Perkins

D A7
오 늘집을나서 기 전 기 도했나 요
맘 에분이가득 찰 때 기 도했나 요
어 려운시험당 할 때 기 도했나 요
나 의일생다하 도 록 기 도하리 라
D7 G A7 D
오 늘받을은총 위 해 기 도했나 요
나 의앞길막는 친 구 용 서했나 요
주 가함께당하 시 면 능 히이기 리
주 께맡긴나의 생 애 영 원하리 라
D Bm7 F#m7 D A7
기 도는우리의 안 식 빛 으로인도하 리
D7 G A7 D
앞 이캄캄할때 기 도 잊 지마시 오

메들리

• 기도할 수 있는데 (15) • 실로암 (99) • 우리 함께 기도해 (135)

125 오늘 나는

(신) 1039
(구) 1244

(내가 먼저 손 내밀지 못하고)

최용덕

G C D
내가먼저손내밀지 못하고 – 내가먼저용서하지 못 – 하고 –
내가먼저섬겨주지 못하고 – 내가먼저이해하지 못 – 하고 –
G Am C D7 G
내가먼저웃음주지 못 하고 – 이렇게 머뭇거리고있네
내가먼저높여주지 못 하고 – 이렇게 고집부리고있네
G C D
그가먼저손내밀기 원했고 – 그가먼저용서하길 원 – 했고 –
그가먼저섬겨주길 원했고 – 그가먼저이해하길 원 – 했고 –
G Am C D7 G
그가먼저웃음주길 원 했네 – 나는 어찌된사람인가
그가먼저높여주길 원 했네 – 나는 어찌된사람인가
G D G C G D
오 – 간교한 나의입술이여 – 오 – 옹졸한 나의마음이여 –
오 – 추악한 나의욕심이여 – 오 – 서글픈 나의자존심이여
G C G D
왜 나의입은 – 사랑을말하면서 – 왜 나의맘은 – 화해를 말하면서 –
G C G D D7
왜 내가먼저 – 져줄수없는가 – 왜내가먼저 – 손해볼수없는가 –

오늘 나는

G G7 C G D7
오 - 늘 나 는 오 늘 나 - 는
G Em C D7
주님앞에서 - 몸둘바모르 - 고 이렇게 흐느끼며서있 네
G C D7 G
어 찌 할 수 없는이맘을 - 주님 께 - 맡긴채 로

Copyright ⓒ 최용덕. Administered by CAIOS. All rights Reserved. Used by permission.

메들리

• 낮엔 해처럼 (30) • 주님 내 안에 (164) • 하나님은 실수하지 않으신다네 (210)

126 오라 우리가

(신) 1627
(구) 1586

(Come and let us go)

Bill Quigley & Mary Anne Quigley

D Bm Em A7
오 라 우 리 가 - 여 호 와의 - 산 에 올라 -
Em 1. A7 D A7
하 나 님의 전 에 이 르 자 -
2. A7 D C/D D7 G A7 D
전 에 이 르 자 - 주 님 의 도 를 배 우 고
D7 G A7 D D7
- 주 님 의 길 로 행 하 리 -
GM7 A7 D F#m Bm
이 는 율 법 이 시 온 에 서 나 오 고 -
Em Asus4 A7 D G/D D
주 의 말 씀 은 예 루 살 렘 에 서 -

O.T. : Come And Let Us Go / O.W. : Bill Quigley, Mary Anne Quigley
O.P. : Universal Music – Brentwood Benson Publ. / S.P. : Universal Music Publishing Korea, CAIOS
Adm. : Capitol CMG Publishing / All rights reserved. Used by permission.

메들리

• 예수 이름이 온 땅에 (119) • 주의 자비가 내려와 (187) • 크신 주께 (200)

(신) 1666
(구) 805

오직 주만이

(나의 영혼이 잠잠히)

이유정

128 오직 주의 사랑에 매여

(신) 1465
(구) 1901

고형원

오직 주의사랑에매 여 내영 기 뻐 노래합니 다
이소 망의언덕 기 쁨의땅-에-서 주께사랑드립니다
오직 주 의임재안에갇 혀 내영 기 뻐 찬양합니 다
이소 명의언덕 거 룩한땅-에-서 주 께경배드립니 다
주께 서 주신모든 은 혜 나- 는 말할수 없 네
내영 혼즐거-이 주 따르렵-니다- 주 께내삶드립니 다

메들리
• 말씀하시면 (60) • 신실하게 진실하게 (98) • 주의 사랑을 주의 선하심을 (185)

(신) 1587
(구) 1951

온 맘 다해

129

(주님과 함께하는 / With all my heart)

Babbie Mason

F F/A C/B♭ B♭ D7/A Gm7
주 님과함께하는 이 고요한-시-간 주 님의보좌앞에
나 염려하잖아도 내 쓸것아-시-니 나 오직주의얼굴
C7sus4 C7 Am7 Dm7 /C B♭ F/A
내 마음을-쏟-네 모든것아시는주님 께 감출것없네
구 하게하-소-서 다 이해할수없을때라 도 감사하며
Gm7 F/A B♭M7 B♭6 C7sus4 C7
내 맘과정성다해 주 바라나-이- 다
날 마다순종하며 주 따르오-리- 다
F F/A B♭M7 B♭6 D7/A Gm7 /F C7sus4 C7
온맘다해 사랑합니다- 온맘다해 주알기 원하네
Dm /C G9/B G7/B F/C B♭/C C7 F
내모든삶 당신것이니 - 주만섬기-리 온맘다해

메들리
• 아버지 사랑합니다 (106) • 주께 와 엎드려 (162) • 주의 거룩하심 생각할 때 (183)

130 왕 되신 주께 감사하세

(Forever)

(신) 1571
(구) 2206

Chris Tomlin

A
왕 되신주께- 감 사하-세- 그 사 랑 영원하리 -라-
력의손과- 펴 신팔-로- 그 사 랑 영원하리 -라-
해 뜨는데서-지는데까-지- 그 사 랑 영원하리 -라-
D
A
모든것위-에뛰어 나 신-주- 그 사 랑 영원하리 -라-
거듭난영-혼들을 위 하-여- 그 사 랑 영원하리 -라-
주은혜로-우리걸 어 가-리- 그 사 랑 영원하리 -라-
E
D2/F♯
1.
찬 양 - 찬 양 - 능
2, 3. D2/F♯
E
D2/F♯
- 찬 양 - 찬 양 -
A
F♯m
영원 -히 신-실 하 -신- 능력 -의 하-나 님 -
E
D
D
영원 -히 함- 께 하 -리- 영 원 -히- - 영 원
1. A
2. A
-히- 영 원 -히 - 영 원 -히 -

O.T. : Forever / O.W : Chris Tomlin
O.P. : worshiptogether.com Songs, sixsteps Music, Vamos Publishing / S.P : Universal Music Publishing Korea, CAIOS
Adm. : Capitol CMG Publishing / All rights reserved. Used by permission.

(신) 1776
(구) 706

왕이신 나의 하나님

(Psalms 145)

Stephen Hah

메들리

• 거룩하신 하나님 (4) • 마음이 상한 자를 (57) • 아버지 사랑합니다 (106)

132

용서하소서

(주님 것을 내 것이라고)

(신) 1076
(구) 908

김석균

C Am F G7
주님것 을 내것이 라고 - 고 집 하며 - 살아 왔 네
천한이 몸 내것이 라고 - 주의 일을 - 멀리 했 네
주님사 랑 받기만 하고 - 감 사 할줄 - 몰랐 었 네
C F C G7 C
금은보 화 자녀들 까지 - 주님 것을 내 것이 라
주신이 도 주님이 시요 - 쓰신 이도 주 님이 라
주님말 씀 듣기만 하고 - 실행 하지 못 했었 네
G C F D
아 버 지여 - 철없는 종을 - 용서 하 여주 옵소 서
아 버 지여 - 불충한 종을 - 용서 하 여주 옵소 서
아 버 지여 - 연약한 종을 - 용서 하 여주 옵소 서
C F C G7 C
맡 긴 사명 - 맡긴재 물을 - 주를 위 해쓰 렵니 다
세 상 유혹 - 다멀리 하고 - 주의 일 만하 렵니 다
주 님 명령 - 순종하 면서 - 주를 위 해살 렵니 다

메들리
• 먼저 그 나라와 의를 (61) • 사랑의 손길 (78) • 주님 다시 오실 때까지 (165)

(신) 1594
(구) 1250

우리 모일때 주 성령 임하리 133

(As we gather)

Michael Fay & Thomas W. Coomes

메들리

• 그의 생각 (11) • 기대 (13) • 찬양의 제사 드리며 (190)

134 우리 주의 성령이

(신) 1520
(구) 682

(When The Spirit Of The Lord Is Whitin My Heart)

Margaret Evans

우리 주의성령이 내게 임 하 여 주를 찬 양합-니- 다
우리 주의성령이 내게 임 하 여 손뼉 치 며찬양합니 다
우리 주의성령이 내게 임 하 여 소리 높 여찬양합니 다
우리 주의성령이 내게 임 하 여 춤을 추 며찬양합니 다

우리 주의성령이 내게 임 하 여 주를 찬 양합-니- 다
우리 주의성령이 내게 임 하 여 손뼉 치 며찬양합니 다
우리 주의성령이 내게 임 하 여 소리 높 여찬양합니 다
우리 주의성령이 내게 임 하 여 춤을 추 며찬양합니 다

찬양합 니다 찬양 합 니다 주를 찬 양합 니 다
손뼉치 면서 손뼉 치 면서 주를 찬 양합 니 다
소리높 여서 소리 높 여서 주를 찬 양합 니 다
춤을추 면서 춤을 추 면서 주를 찬 양합 니 다

찬양 합 니다 찬양합 니다 주를 찬 양합 니 다
손뼉 치 면서 손뼉치 면서 주를 찬 양합 니 다
소리 높 여서 소리높 여서 주를 찬 양합 니 다
춤을 추 면서 춤을추 면서 주를 찬 양합 니 다

메들리

• 기뻐하며 왕께 (16) • 승리는 내 것일세 (95) • 크신 주께 영광돌리세 (200)

(신) 1306
(구) 1642

우리 함께 기도해

고형원

E2 C♯m7 A2
우 리 함께기도 해 주앞에나 -와-
B7 E2 C♯m7 A2
무릎꿇고- 긍 휼 베푸시는 주 하늘을향 -해-
B7 C♯m7 G♯m7
두손들고- 하늘문-이열리고-은 혜의빛줄기- 이
A B7 E B/D♯ C♯m7
땅 가득내리 도 록 마 침내-주오셔서-의
G♯m7 A B7 E2
의 빛줄기- 우 리 위에부으시도 록

메들리

• 기도할 수 있는데 (15) • 빛 되신 주 (76) • 성령의 불로 (89)

136 우리 함께 기뻐해

(Let us rejoice and be glad)

(신) 1676
(구) 1574

Gary Hansen

E A Bsus4-3 E A
우리함께 - 기뻐 - 해 주께영광 - 돌리 -
Bm E7 A B/A G#7 C#m
세 어린 양 의 혼 - 인 잔 - - 치 와 - 신 부
F#m B7 E A/B E E/G#
가 준 비 - 되 었 네 - - 할 렐 루 야 전 능
A A/C# E E/G# B E E/G#
하 신 주 - 가 다 스 리 네 할 렐 루 야 전 능
A Am6 E/B B7 1. E A/C# B/D# 2. E
하 신 주 - 가 다 스 리 - 네 네

메들리
• 기뻐하며 승리의 (17) • 손을 높이 들고 (93) • 존귀 오 존귀하신 주 (149)

(신) 1246
(구) 1696

우리가 함께 걷는 이 길 137

(우리가 걷는 이 길은)

최용덕

138 우리는 주의 백성이오니

(신) 1872
(구) 698

(We are Your people)

David Fellingham

(신) 1657
(구) 906

우물가의 여인처럼

(Fill my cup Lord)

Richard Blanchard

A E7 A
우물 가의여인처럼난구 했네- 헛 되 고헛된것들 을
많고 많은사람들이찾았 었네- 헛 되 고헛된것들 을
내친 구여거기서 -돌아 오라- 내 주 의넓은품으 로
A D E7 A
그 때 주님-하신 말씀- 내샘에 와 생수를마셔 라
주 안 에감-추인 보배- 세상것 과 난비길수없 네
우 리 주님-너를 반겨- 그넓은 품 에안아주시 리
A E7 Bm A
오- 주님- 채우 소서- 나의 잔 을높이듭니 다
A C# Bm D E7 A
하늘 양식 내게채워 주 소 서 넘치 도 록-채워주소 서

메들리

• 나의 안에 거하라 (27) • 예수 우리 왕이여 (117) • 은혜의 강가로 (142)

140 위대하신 주

(빛나는 왕의 왕 / How great is our God)

Chris Tomlin, Jesse Reeves & Ed Cash

O.T. : How Great Is Our God / O.W. : Jesse Reeves, Ed Cash, Chris Tomlin
O.P. : worshiptogether.com Songs, sixsteps Music, Vamos Publishing / S.P. : Universal Music Publishing Korea, CAIOS
Adm. : Capitol CMG Publishing / All rights reserved. Used by permission.

(신) 1585
(구) 1896

유월절 어린양의 피로

(Under the blood)

Martin J. Nystrom & Rhonda Scelsi

O.T. : Under The Blood / O.W. : Martin J. Nystrom, Rhonda Scelsi
O.P. : Integrity's Hosanna! Music / S.P. : Universal Music Publishing Korea, CAIOS
Adm. : Capitol CMG Publishing / All rights reserved. Used by permission.

은혜의 강가로

(내 주의 은혜 강가로)

오성주

(신) 1976
(구) 2161

F Am Dm B♭ Gm C7
내 주 의은혜강가 로 저 십 자가의강가 로
1. F Am Dm B♭m F C7 F
내 주 의사랑있는 곳 – 내 주의강 가 로
2. F Am Dm B♭m F C7 F F7
내 주 의사랑있는 곳 – 내 주의강 가 로
B♭ B♭m F Am Dm
갈 한나의영혼 을 생수 로 가득채우소 서
G7 C C7 F Am Dm
피 곤 한내영혼위 에 내 주 의은혜강가 로
B♭ Gm C7 F Am Dm B♭m
저 십 자가의강가 로 내 주 의사랑있는 곳 –
1. F C7 F 2. F C7 F
내 주의강 가 로 내 주의강 가 로 –

(신) 1281
(구) 1845

이 산지를 내게 주소서 143

(주님이 주신 땅으로)

홍진호

주님이 주신땅으로- 한걸음씩- 나아갈 때에
수많은 적들과 견고한성이- 나를 두렵게- 하지 만
주님을 신뢰 함으로- 주님을 의지 함으로-
주님이 주시는 담대함으로- 큰 소리외치며-나아가 네
이산지 를 내게주 소-서- 그날에 -주께서
말 씀-하신 이 제내 가 주님의 이 름으로- 그땅
을 취하리 니 이산지 을 취하리니 -

메들리

• 그리스도의 계절 (12) • 모든 민족에게 (63) • 모든 열방 주 볼 때까지 (64)

144 일어나 걸어라

(신) 1081
(구) 1016

(나의 등 뒤에서)

최용덕

E B A E
나 의등 뒤에 서 나를 도 우시는 주
나 의등 뒤에 서 나를 도 우시는 주
나 의등 뒤에 서 나를 도 우시는 주
E B E E7
나 의 인생 - 길에 서 지치 고 곤하 여
평 안 히길 - 을갈 땐 보이 지 않아 도
때 때 로뒤돌아보 면 여전 히 계신 주
A G♯m C♯m F♯m7 B7 E
매 일 처럼주저 앉고 싶을 - 때 나를 - 밀어주시 네
지 치 고곤하여 넘어 질때 - 면 다가 와손내미시 네
잔 잔 한미소로 바라 보시 - 며 나를 - 재촉하시 네
E B7
일 어나 걸 어라 내가 새 힘을주리 니
(O O 야! 일어 나라)
E A E B7 E
일 어나 너 걸 어라 내 너를 도 우 리

메들리
• 넘지 못 할 산이 있거든 (46) • 내가 어둠 속에서 (38) • 에바다 (109)

(신) 2132

임재

(하늘의 문을 여소서)

조영준

A E/G# 3 D
하늘의문을여 소서 - 이곳을 주목하소서 - 주를
Bm E C#m F#m Bm D/E E
향한노래가 - 꺼지 지않으니 - 하늘을열고보 소서 -
A E/G# 3 D
이곳에임재하 소서 - 주님을 기다립니다 - 기도
Bm E C#m F#m Bm D/E E
의 향기가 - 하늘 에닿으니 - 주여임재하여 주 소서
D/E A E
- 이곳에오셔 서 - 이곳에앉으소서 - 이곳에서드
D E D/E E A
리는 - 예배를받으소 서 주님의이름 이 - 주님의이름
E D A 1. D/E 2. A
만이 - 오직주의이 름만 - 이곳에있습니 다 이곳에오셔 다

메들리

• 고개 들어 (5) • 예수 우리 왕이여 (117) • 임하소서 (146)

146

임하소서

(주님의 성령 지금 이 곳에)

(신) 1249
(구) 1699

송정미 & 최덕신

메들리

• 말씀하시면 (60) • 예수 우리 왕이여 (117) • 임재 (145)

(신) 1957
(구) 2066

전능하신 나의 주 하나님은 147

(Nosso Deuse poderoso)

Alda Celia

Copyright © 2004 LAMP. All right reserved. Used by permission.

148 정결한 맘 주시옵소서

(Create in me a clean heart)

(신) 1181
(구) 843

Keith Green

G D C D
정 결 한 맘 주 시 옵 소 서 - 오 - - 주 님 -
G D C 1. G 2. G G7
정 직 한 영 을 새 롭 게 하 소 서 - 정 -
C D G Em
나 를 주 님 앞 - 에 서 멀 리 하 지 마 시 고
C D G F/G G7
주 의 성 령 을 거 두 지 마 옵 소 서 -
C D7 B7 Em /D
그 구 원 의 기 쁨 - 다 시 회 복 시 키 시 - 고
C D7 C G
변 치 않 는 맘 내 안 에 주 소 서 -

O.T. : Create In Me A Clean Heart / O.W. : Keith Green
O.P. : For The Shepherd Music/ S.P. : Universal Music Publishing Korea, CAIOS
Adm. : Capitol CMG Publishing / All rights reserved. Used by permission.

메들리
• 고개 들어 (5) • 새롭게 하소서 (84) • 우물가의 여인처럼 (139)

(신) 1673
(구) 671

존귀 오 존귀하신 주

(Worthy is the Lord)

Mark Kinzer

E A E A/E E
존 귀 오 존 - 귀 하 - 신 주 -
F dim7 F♯m B7 E A/B B7
감사찬양 과 - 경배 - 다 받으실주 님 - - - - -
E A E A/E E
존 귀 오 존 - 귀 하 - 신 주 -
F dim7 F♯m B7 E E7
감사찬양 과 - 경배 - 다 받으실주 님 -
A B sus4 B7 E G♯m C♯m
찬 양 할 렐 루 - 야 - 보 좌위 어 린 양께 -
F♯m B7 E E7
우 리 경 배 하 - 며 - 영 광돌리 네 -
A B sus4 B7 E G♯m C♯m
할 렐 루 - 야 - 우 리왕 께 영 - 광 -
F♯m B7 F♯m A/B B7 A/E E
주는승 리 의 용 - 사 - 또 만 유 의 주 님 -

150 좋은 일이 있으리라

(신) 1911
(구) 1281

(하나님을 아버지라 부르는)

오관석 & 한태근

E B7 E B7
하나님을 아버지-라 부-르는-자는-
예수님을 구-주-라 부-르는-자는-
성령님의 인-도-를 구-하는-자는-
E C#m E A E B7 E
좋은일이 있으리라 많이있으리-라-
E A E A C#m E B7
우리서로 뜨-겁게 사랑하-면은---
E C#m E A E B7 E
좋은일이 있으리라 크게있으리-라-

메들리
• 일어나 걸어라 (144) • 승리는 내 것일세 (95) • 예수님이 좋은 걸 (121)

(신) 1619
(구) 1530

주 나의 모든 것

(약할 때 강함 되시네 / You are my all in all)

Dennis Jernigan

G D2/F♯ Em G/D G/B C G/D D G D7
약할때 강함되시 네 나의보배가되신 주 주나의모든 것----
십자가 죄사하셨 네 주님의이름찬양 해 주나의모든 것----
G D2/F♯ Em G/D G/B C G/D D C/G G C/D
주안에있는보물 을 나는포기할수없 네 주나의모든 것
쓰러진나를세우 고 나의빈잔을채우 네 주나의모든 것
G D2/F♯ Em G/D G/B C G/D D7 1. G D7 2. G
예 수 어 린 양 존 귀 한 이 름---- 름

메들리

• 아버지 사랑합니다 (106) • 약한 나로 강하게 (108) • 우물가의 여인처럼 (139)

152 주 말씀 향하여

(하늘의 나는 새도 / I will run to You)

(신) 1680
(구) 1849

Dalene Zschech

C D G C D Em Em/D
하늘 - 의나 - 는새 도 주손길 - 돌보 - 시 네 -
F/C C D D/F# G G2/B C Am7 Dsus4 D
온땅에 - 충만한 - 주사랑 - 으로 - 내마 음을덮으 - 소서 -
C D G C D Em Em/D
주나 - 를부 - 르셨 네 주의 - 영광 - 위 해 -
F/C C D D/F# G G/B C D G
모든사 - 람 - 이끄소 - - 서 - 주의 영 - 광 - - 으로 -
C/G D/G G D/F# B/D# Em
주말씀향 - 하 - 여 - - 달려가 - 리 - 라 -
Em/D Am7 G/B C A/C# D
힘도아닌 - 능 - 도 아 - 닌 - 오 - 직성 - 령 - 으로 -
G C/G D/G G D/F# B/D# Em
주얼굴향 - 하 - 여 - - 달려가 - 리 - 라 -
Em/D Am7 G/B D C/G D/G G
오주의영 - 광 - 안에 - 살게하 - 소서 - -

(신) 1552
(구) 798

주 여호와는 광대하시도다 153

(Great is the Lord)

Steve McEwan

A D2/A A D2/A F♯m7
주 -여호 와는광대하시도 다 그 거룩한하나님성-에 서
A/E Bm7 C♯m7 D M7 E
찬 양할 지-어 다 -
A D2/A A D2/A F♯m7
주 -승리 우리에게주셨도 다 모 든원수물리치-셨 네
A/E Bm7 D/E E D/E E
엎 드려 절-하 세 -
A C♯m7 D2 A/C♯
다 주의크-신이-름높이 며 우 리에게-행하-신
Bm7 D/E A C♯m7
위대 한일감-사하-세 오 주의신-실하-신그사 랑
D A/C♯ Bm7 D/E A
온 땅과하-늘위에계-셔 홀로영원하신 이 름- -

154 주 사랑해요

(갈급한 내 맘 / I'll alway love You)

(신) 2174

Tim Hughes

주 사랑해요

D Em C
- 정 - 으 - 로 - 경 - 배 - 드 - 려 - 요 -
G D Em C
주 사랑 - 해 - 요 - 영 원히 - 찬 - 양 - 해 - 예 - 수
Last Time to Coda
G D Em
- 신 령과 - 진 - 정 - 으 - 로 - 경 - 배 - 드 - 려 - 요
1. C G D Em C 2. C
Am7 G/B C
예수이름 - 높이올려 - 드리 - 세 한 목 소 리 로
Am7 G/B 3 C D. S. al Coda C
- - - 소리높여 - 모두외치 - 세 -

O.T. : I'll Always Love You I Just Want To Love / O.W. : Tim Hughes
O.P. : Thankyou Music Ltd / S.P. : Universal Music Publishing Korea, CAIOS
Adm. : Capitol CMG Publishing / All rights reserved. Used by permission.

메들리
• 예수 열방의 소망 (116) • 주님의 영광 나타나셨네 (175) • 주님의 은혜 넘치네 (176)

155 주 예수 나의 당신이여

(신) 1448
(구) 953

(빛이 없어도)

이인숙 & 김석균

E A B7 E B7
빛이 없어도 환하게 다가오시는 주예 수 나의 - 당신이 여
나는 없어도 당신이 곁에계시면 나는 언 제나 - 있습니 다
E A B7 E
음성이 없어도 똑똑히 들려주시는 주예 수 나의 - 당신이 여
나 - 는 있어도 당신이 곁에없으면 나는 언 제나 - 없습니 다
A2 E A
3 3 3
당 신 이 있음으로 나도있 고 - 당신의 노래가머묾으로
B7 E A E B7
3
나는 부를수있어요 주 여 - 꽃처럼 향기나는 - 나의 생 활이아니어 도
E2 A E B7 E
나는 당 신 이좋을수 밖에없어요 주예 수 나의당 신이 여

Copyright © 김석균. Administered by CAIOS. All rights Reserved. Used by permission.

메들리
• 달리다굼 (50) • 빛 되신 주 (76) • 새롭게 하소서 (84)

(신) 1578
(구) 766

주 우리 아버지

(God is our Father)

Alex Simon & Freda Kimmey

주 우 리 아 버 지 - 우 리 는 그 분 의 자 - 녀
예 수 우 리 형 제 - 손 에 손 잡 고 하 나 되 어 함 께 걸 - 어 가 리
주 께 찬 송 해 탬 버 린 으 로
주 께 찬 송 해 춤 을 추 면 서
주 께 찬 송 해 손 뼉 쳐
해 - 목 소 리 로 랄 랄 라 라 랄 라 라 - 랄 라
랄 랄 라 라 랄 라 라 - 라 랄 랄 라 라 랄 라 라 - 랄 라
랄 랄 랄 랄 랄 라 라 - 라 랄 라 -

메들리

• 기뻐하며 왕께 (16) • 시편 57편 (97) • 찬양하세 (194)

157

주 이름 찬양

(Blessed be Your name)

Beth Redman & Matt Redman

B F# G#m7 E
1. 주 - 이 름 - 찬 양 - 풍 요 의 강 - 물 흐 - 르 는 -
주 - 이 름 - 찬 양 - 거 치 른 광 - 야 와 - 같 은 -
2. 주 - 이 름 - 찬 양 - 햇 살 이 나 - 를 비 - 추 고 -
주 - 이 름 - 찬 양 - 가 는 길 험 - 할 지 - 라 도 -
B F# E
부 요 한 땅 - 에 살 - 때 에 - 주 님 - 찬 양 해 -
인 생 길 걸 - 어 갈 - 때 도 - 주 님 - 찬 양 해 -
만 물 이 새 - 롭 게 - 될 때 - 주 님 - 찬 양 해 -
고 통 이 따 - 를 지 - 라 도 - 주 님 - 찬 양 해 -
B F# G#m7 1. E 2. E
모 든 축 복 주 신 주 님 찬 양 하 리 리 주 의 이 름
어 둔 날 이 다 가 와 도 난 외 치
B F# G#m7 E B
을 찬 - 양 - 해 - 주 의 이 름 을 주 의 이 름 을 찬 - 양 - 해
F# G#m7 F# E 1. 2. E
- 영 화 로 운 주 이 름 - 찬 양 - 주
last time to Coda
B F# G#m7 F# B
님 은 주 시 며 주 님 은 찾 으 - 시 네 내 맘 에 하 는
F# G#m7 1. E 2. E D.S. al Coda B
말 주 찬 양 합 니 다 - 주 다 - 주 의 이 름

(신) 1629
(구) 1874

주 품에 품으소서

(Still)

Reuben Morgan

C G/B Am7 F D/F♯ Gsus4 G
주 품 에 품 으 소 서
주 님 안 에 나 거 하 리
C Am F D7 Gsus4
능 력 의 팔 로 덮 으 - 소 - 서 -
주 능 력 나 잠 잠 히 - 믿 - 네 -
C7 F G Csus4 C7 F G Am
거친파도 날 향해 - 와도 - 주와함께 날 아 오 - 르리 -
F G Csus4 G/B F/A G C
폭풍가운 데 나의 - 영혼 - 잠잠하게 - 주를보 - 리라 -

메들리

• 임하소서 (146) • 주께 가오니 (160) • 평안을 너에게 주노라 (203)

159 주가 보이신 생명의 길

(신) 1234
(구) 1833

박정은

메들리

• 나의 안에 거하라 (27) • 말씀하시면 (60) • 임재 (145)

(신) 1532
(구) 1535

주께 가오니

(The power of Your love)

Geoff Bullock

161 주가 필요해

(신) 1514
(구) 1159

(매일 스치는 사람들 / People need the Lord)

Phil McHugh & Greg Nelson

C2 G F C2 G
매일스 치는 사 람들 - 내게무얼 - - 원하나 -
캄캄한 - 세 상 에서 - 빛으로 - - 부 름받아 -
Em Am Dm9 Gsus4 G
공허한 그 눈 빛은 무엇으로 채우 나
잃어버 린 자 들과 나누라고 하시 네
CM7 G F CM7 C7 F
모두자 기 고 통과 - 두려움 - 가 득
주의사 랑 으 로만 - 사랑할수 있 네
Fm/A♭ C/G Am Dm7 F/G G F/G G
감춰진 울 음 소리 - 주님들으시 네 - -
우리가 나 눌 때에 - 그들알 - 겠 네 - -
C Dm C/E F
그들은 모 두 주가필 요 해
G G/F C/E F C/E Dm7 F/G G F/G G
깨지고 상 한 마음 주가여 시 네 - -

주가 필요해

C Dm C/E F
그들은 모 두 주가필 요 해
G G/F C/E F C/E Dm7 G C
모 두 알 게 되 리 사랑의 주 님

O.T. : People Need The Lord / O.W. : Greg Nelson, Phill Mchugh
O.P. : Shepherd's Fold Music, River Oaks Music Company / S.P. : Universal Music Publishing Korea, CAIOS
Adm. : Capitol CMG Publishing / All rights reserved. Used by permission.

메들리
• 주 예수 나의 당신이여 (155) • 주님 다시 오실 때까지 (165) • 주님 마음 내게 주소서 (166)

162 주께 와 엎드려

(신) 1691
(구) 593

(I will come and bow down)

Martin J. Nystrom

C Am Dm F/G G7
주께와 엎드려 경배드립니다
G/F Em A7(♭9) Dm Gsus4
주계신곳엔 기쁨가득 –
G7 Am Bsus4 B/D♯ Em A7
무엇과도 누구와도 바꿀수 없네
Dm F/G G7 F C/E Dm C
예배드림이 기쁨됩니다 –

O.T. : I Will Come And Bow Down / O.W. : Martin J. Nystrom
O.P. : Integrity's Hosanna! Music / S.P. : Universal Music Publishing Korea, CAIOS
Adm. : Capitol CMG Publishing / All rights reserved. Used by permission.

메들리

• 약한 나로 강하게 (108) • 예수 사랑해요 (114) • 임하소서 (146)

(신) 2069
(구) 1734

주님 곁으로 날 이끄소서 163

(Draw me close to You)

Kelly Carpenter

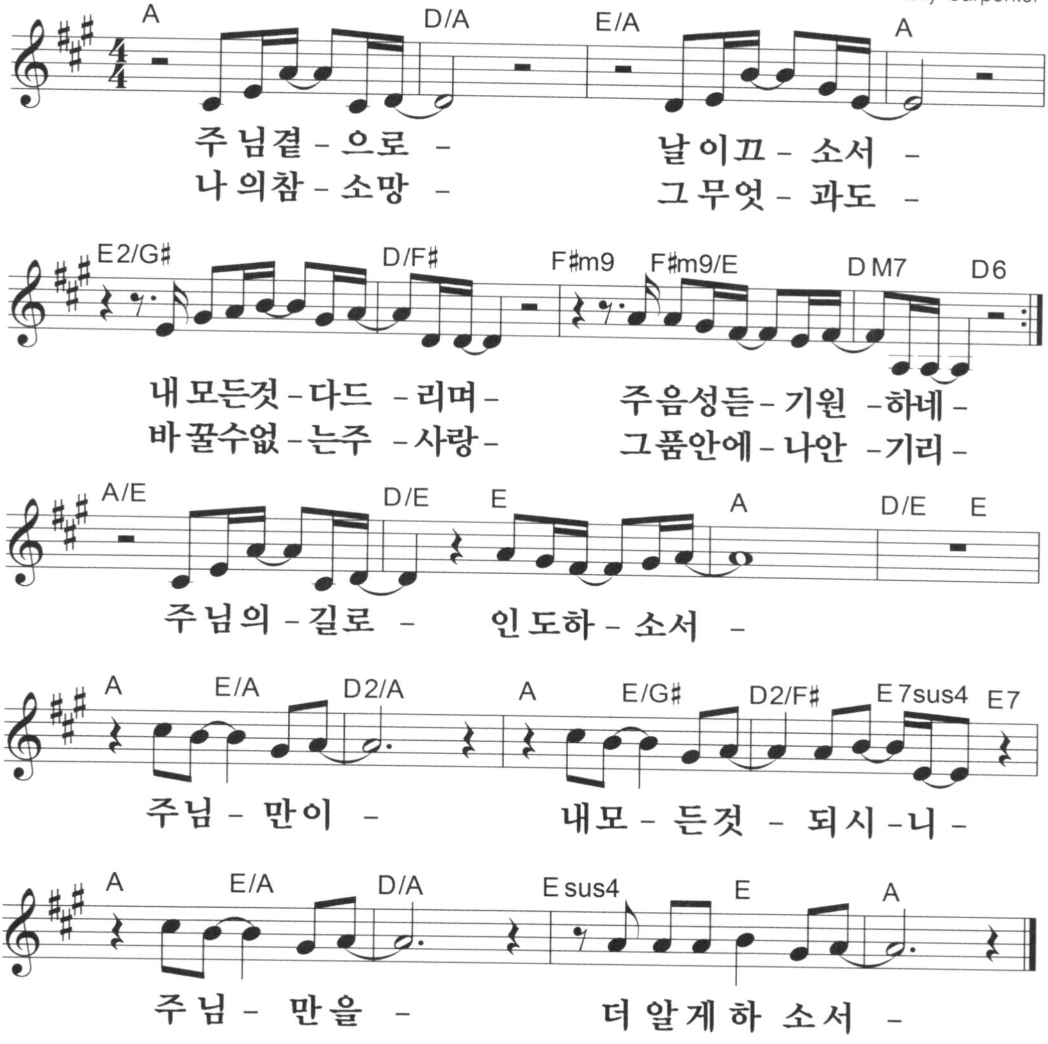
A D/A E/A A
주 님 곁 - 으 로 - 날 이 끄 - 소 서 -
나 의 참 - 소 망 - 그 무 엇 - 과 도 -
E2/G♯ D/F♯ F♯m9 F♯m9/E D M7 D6
내 모 든 것 - 다 드 - 리 며 - 주 음 성 듣 - 기 원 - 하 네 -
바 꿀 수 없 - 는 주 - 사 랑 - 그 품 안 에 - 나 안 - 기 리 -
A/E D/E E A D/E E
주 님 의 - 길 로 - 인 도 하 - 소 서 -
A E/A D2/A A E/G♯ D2/F♯ E 7sus4 E7
주 님 - 만 이 - 내 모 - 든 것 - 되 시 - 니 -
A E/A D/A E sus4 E A
주 님 - 만 을 - 더 알 게 하 소 서 -

메 들 리

• 주가 보이신 생명의 길 (159) • 주께 가오니 (160) • 전능하신 나의 주 하나님은 (147)

164 주님 내 안에

(언제나 내 모습)

(신) 1358
(구) 827

임미정 & 이정림

C CM7 Em F Dm7 Gsus4 G7
언제나 - 내모습 - 너무나 - 부끄러워 -
CM7 Em F Dm7 G
무릎으 - 로주님께 - 기도로 - 가오니 -
C CM7 Em F Dm7 Gsus4 G7
나홀로 - 서있는 - 죽은내영깨우 사
CM7 Em A7 F D7 G G7
주님만 나 를 깨워 내 영 살게하소서 -
C C/B Am Am/G F F#dim Gsus4 G7
주님 내안에 - 주님 내안에 - 내 안에 계 시고 -
C C/B Am Am/G F Gsus4 G7 C
주님 내안에 - 주 님 내안에 - 나를세워주소서 -

메들리

• 오 신실하신 주 (122) • 주께 와 엎드려 (162) • 항상 진실케 (215)

(신) 1063
(구) 1994

주님 다시 오실때까지

165

고형원

C G/B Am FM7 G C
주 님다시오실 때 까-지나-는 이길을가리 라
Am Em F G7 C G
좁은-문 좁은-길 나 의십자가지 고
C G/B Am FM7 G C
나 의가는이길 끝 에-서나-는 주님을보리 라
Am Em F G7 C G/B
영광-의 내주-님 나 를맞아주시 리
Am Em F G7
주님다시오실때까- 지 나는일어나 달려가리라
Am Em F Dm7 Gsus4 G
주의영광온땅덮을- 때 나는일어나노래하 리
C Am F Gsus4 G
내 사모하는주 님-- 온세 상 -구주시 라
C Am F G7 C
내 사모하는주 님-- 영광 의 왕 이 시 라

166 주님 마음 내게 주소서

(구) 2221

(보소서 주님 나의 마음을)

Ana Paula Valadao

주님 마음 내게 주소서

D G
당신 의 마음 – 으로 – 용서 하 게하 – 소서 –
Am7 D Bm7 Em
주의성 – 령내 – 게채 – 우사 주의길 – 가게 – 하소 – 서
Em D Am7 C/D 1. G 2. G E7
– 주 님 당신마음 주소서 – 주소서 –
A A/C# DM7 Bm7 E/G#
주 님마 – 음내 – 게주 – 소서 – 내아 – 버지 –
A Em7 A7 DM7 E E/D C#m7 F#m
주님마 – 음내 – 게주 – 소서 – 나를향하신 – 주님 의 뜻이 –
C#m7 F#m Bm A/C# D E7 A
이 루어지 – 도록 – 주님마 – 음내 – 게주 – 소서 –

메들리
• 임재 (145) • 주가 보이신 생명의 길 (159) • 주님 곁으로 날 이끄소서 (163)

167

주님 만이

(나 약해있을 때에도)

(구) 1819

조효성

G G7 C E7 Am A7
나 약해있을때 에도 주 님은함께계 시
시험당할때 에도 주 님이지켜주 시
D7 G G7 C E7
고 나 소망잃을때 에도 주
고 나 실망당할때 에도 주
1. Am A7 D7 2. Am D7 G
님은내게오 시네 나 님이위로하 시네
G Am D7 G B7
주 님 만 - 이 내 힘이시며
Em Am D7 G
오 주님 만- 이 날 도우시네
G Am D7 G B7
오 나의 주- 님 내 아버지여
Em Am D7 G
오 나의 주- 님 내 사랑이여

메들리

• 오 신실하신 주 (122) • 주 예수 나의 당신이여 (155) • 주님 내 안에 (164)

(신) 1291
(구) 1637

주님 손 잡고 일어서세요

(왜 나만 겪는 고난이냐고)

김석균

C G/B Am Am/G F Dm Gsus4 G7
왜 나만겪는 고난이냐 고 불 평 하지마세 요
왜 이런슬픔 찾아왔는 지 원 망 하지마세 요
C C7 F Fm6 C G7 C
고난의 뒤 편에 있는 주님이주실축복 미리보 면서감사하세 요
당신이 잃 은것 보다 주님께받은은혜 더욱많 음에감사하세 요
G C Am F G7
너무견 디기힘든 지금이순간에도 주님 이 일하고계시 잖아요
C C7 F C G7 C
남들은 지쳐 앉아 있을지라도 당신 만 은 일어서세 요
G7 C E7 F D7 G G7
힘을내 세요 힘을내 세요 주님이손 잡고계시잖아 요
C C7 F C G7 C
주님 이 나와함께함을 믿 는다면 어떤 역경도 이길수있잖아 요
주님 이 나와함께함을 믿 는다면 어떤 고난도 견딜수있잖아 요

메들리

• 괴로울 때 (6) • 사나 죽으나 (77) • 하나님은 실수하지 않으신다네 (210)

169 주님 예수 나의 동산

(신) 1302
(구) 1589

이영후 & 장욱조

D A7
주님예 수 나의동 산 내맘속 에 동녘하 늘
D A7 D
아침햇 살 가득안 고 활짝피 는 백합같 아
아침햇 살 가득안 고 자라나 는 나무같 아
아침햇 살 가득안 고 피어나 는 안개같 아
D F#m G A7
그 안 에서 이생명 도 피어나 는 꽃되리 라
그 안 에서 이생명 도 귀한재 목 되겠어 요
그 안 에서 이생명 도 맑은영 혼 되겠어 요
D F#m G E A7
오 하 나님 이꽃바 쳐 - - 당신제 단 밝히리 니
오 하 나님 이제목바 쳐 - 당신제 단 쌓으리 니
오 하 나님 이영혼바 쳐 - 당신제 단 향내리 니
D A7 D
은혜로 운 사랑으 로 하늘평 안 내리소 서

메들리
• 사나 죽으나 (77) • 약한 나로 강하게 (108) • 용서하소서 (132)

(신) 1648
(구) 811

주님 큰 영광 받으소서 170

(Jesus shall take the highest honor)

Chris Bowater

A B m7 C♯m7 A7 D M7 E/D C♯m7 F♯m7
주님 큰영광받 - 으 소서 - 홀로 찬 양받으 - 소 서
B m7 E7 A F♯m7 D M7 B7/D♯ D/E E7
모든 이 름위에 - 뛰어 난 그이름 - 온 땅과하 - 늘이다찬 - 양 해
A B m7 C♯m7 A7 D M7 E/D C♯m7 F♯m7
겸손하 - 게우리무 - 릎 꿇고 - 주 이름앞 - 에영광돌 - 리 세
B m7 E7 A M7 F♯m D M7 B7/D♯ D/E E7
모 두 절하세 - 독생 자 예 - 수 - 주님께 - 찬양드 - 리 리 모든
A E/G♯ F♯m A/E D A/C♯ B m7 E sus4 E7
영광 과존귀 와 능력 - 받으소서 - 받으소서 -
C♯/F F♯m B m D/E E6 A D/A A
그 리 스 도 살아계신 - 하 나 님 -

메들리

• 살아계신 주 (82) • 위대하신 주 (140) • 주 여호와는 광대하시도다 (153)

171 주님 한 분 만으로

(신) 1410
(구) 1573

박철순

G Bm Em C
주님 한분만으로 - 나는 만족 - 해 - 나의 모든것되신 - 주님
G/D D G Bm Em
찬 양 - 해 - 나의 영원한생명 - 되신 예 수 - 님 -
C C/D D7 G C/D G D C D
목 소리높 - 여찬 양 해 주 님의 크신 사랑찬 - 양해 -
C G D Am D
나 의 힘 과 능 력 - 이 되 신 - 주 - 나의 모든삶 -
Bm Em Am7 D G
변 화 되 었 - 네 - 크 신 주 의 사 랑 찬 양 해

Copyright © 박철순. Adm. by KCMCA. All rights reserved. Used by permission.

메들리
• 내가 주인 삼은 (39) • 주의 이름 높이며 (186) • 찬양하세 (194)

(신) 1634
(구) 1243

주님과 같이

(There is none like You)

Lenny LeBlanc

A E/G# D/F# A/E D A/C# Bm E7
주님과 같- -이- 내마음-만지는 분은없네-
A E/G# A/G D/F# A/E E sus4 A
오랜세-월찾아 난알았네- 내겐 -주밖에 없- - -네-
Fine
DM7 D/E A F#m Bm E/G# A
주 자비강-같이 흐르-고 주 손길치-료-하- 네
DM7 D/E A F#m Bm D/A E/G# D/F#E
고통받는-자녀품 -으-시-니 주밖에 없 네
D.C.

O.T. : There Is None Like You / O.W. : Lenny Leblanc
O.P. : Integrity's Hosanna! Music / S.P. : Universal Music Publishing Korea, CAIOS
Adm. : Capitol CMG Publishing / All rights reserved. Used by permission.

메들리

• 나 주님의 기쁨되기 원하네 (20) • 내 구주 예수님 (32) • 주 품에 (158)

173 주님여 이 손을

(신) 1759
(구) 854

Anonymous

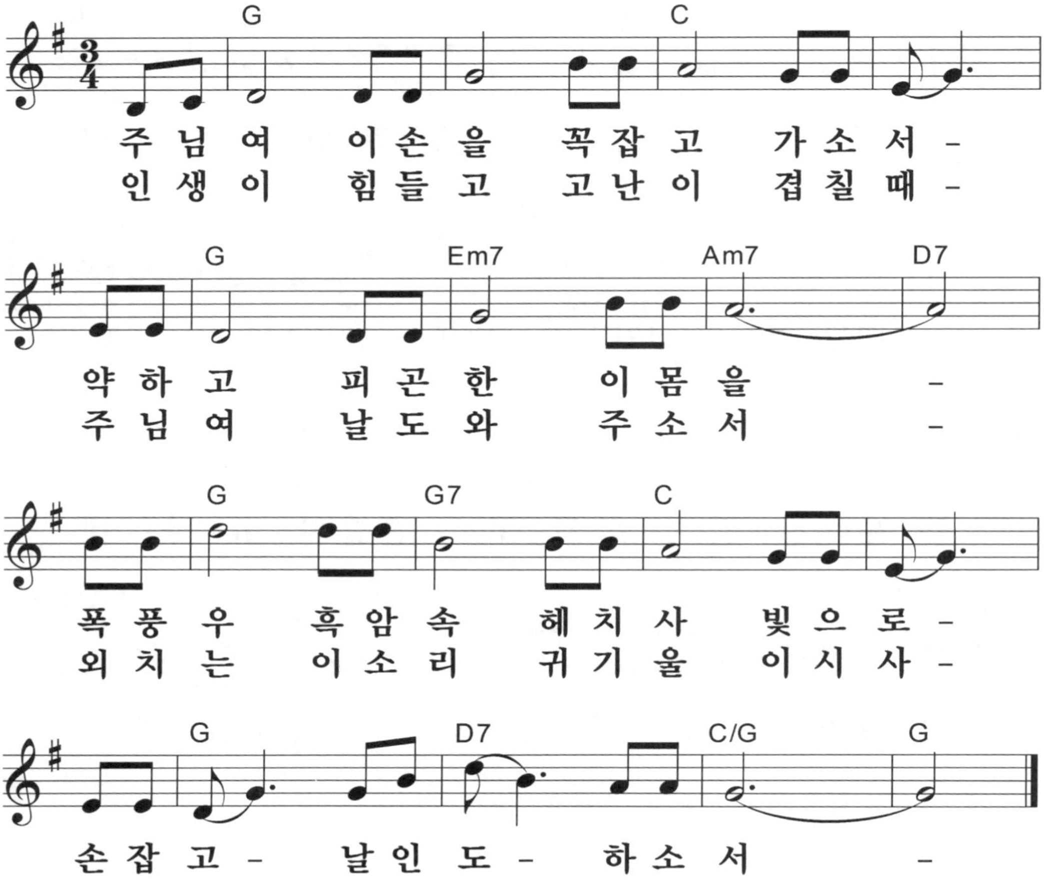
G C
주 님 여 이 손 을 꼭 잡 고 가 소 서 –
인 생 이 힘 들 고 고 난 이 겹 칠 때 –
G Em7 Am7 D7
약 하 고 피 곤 한 이 몸 을 –
주 님 여 날 도 와 주 소 서 –
G G7 C
폭 풍 우 흑 암 속 헤 치 사 빛 으 로 –
외 치 는 이 소 리 귀 기 울 이 시 사 –
G D7 C/G G
손 잡 고 – 날 인 도 – 하 소 서 –

International Copyright Secured.

메들리

• 달리다굼 (50) • 새롭게 하소서 (84) • 우물가의 여인처럼 (139)

(신) 1969
(구) 905

주님의 빛진 자

(죄악에 썩은 내 육신을)

김석균

G C D7 G D7
죄악에썩은 내 - 육신을 주님이 쓰시려했 네 - -
먹물로칠한 내 - 육신을 주님이 희게하셨 네 - -
평생갚아도 빚진자되어 주님의 빚진자되 어 - -
G C D G
죽음의덫에 걸려있는몸 주님이 쓰시려했 네
십자가보혈 증거하라고 주님이 살리 - 셨 네
주님가신길 택하였지만 눈물만 솟구 - 치 네
G C D7
속죄하는손 치유하시고 속죄하는발 치유하셨네
기도할때에 음성주시고 찬송할때에 기쁨되시네
생명주신이 주님이시라 능력주신이 주님이시라
G G7 C G D7 G
새생명얻은 이몸다바쳐 주님께 영광돌리 리
내작은입이 내작은몸이 주님의 붙들린자 라
말씀전하여 복음전하여 주님의 빚을갚으 리

메들리
• 내게 강 같은 평화 (40) • 우리 주의 성령이 (134) • 주님 예수 나의 동산 (169)

175 주님의 영광 나타나셨네

(신) 1650
(구) 762

(The Lord has displayed His glory)

David Fellingham

G D G
주 님 의 - 영 광 나 - 타 나 셨 네 -
Am9 Am7 Dsus4 D
권 능 으 - 로 임 하 - 셨 네 -
Am D B7/F# Em
죽 음 에 서 날 - 살 리 신 주 성 령 - 놀
Am D G C/G G
라 우 - 신 주 하 나 님 - 할 렐
Am7
루 야 주 의 나 라 가 - - - 할 렐
눈 먼 자 는 - 눈 을 뜨 며 -
Am7 G Em7 Bm E
루 야 임 하 소 - 서 - - - -
- - 저 는 자 는 - 걷 게 되 리 -

주님의 영광 나타나셨네

Am
D6
D7
Bm7
E7
나 는 선 포 하 - 리 만 왕 의 왕 예 - 수
Am9
D7
G
Am/G
G
주 의 나 라 임 하 시 네 - -

메들리

• 기뻐하며 왕께 (16) • 살아계신 주 (82) • 주의 이름 높이며 (186)

176 주님의 은혜 넘치네

(주 신실하심 놀라워 / Your Grace is Enough)

Matt Maher

G D C
1.
를 향 한주 - 은 - - 혜 -
2C G D E m7 C
주 님 의 은혜 - 이 땅 에 부 으 소 서 - 나
나 를 덮 는 사랑 -
G D 1. C
를 향 한주 - 은 - - 혜 - 넘 - 치 는 - 주
2. C G
- 은 - - - 혜 -

177 주님의 임재 앞에서

박희정

A E D2 A E D2
주님의임재앞에 - 서 - 권능의날개아래 - 서 -
F#m E D2
그의능하신행 - 동 - 을 - 인하여 찬양해
A E F#m D2
주 의 나 라 주 의 권 세 찬 양 중 에 임 하 네
A E F#m 1.D2
모 든 원 수 굴 복 하 네 주 의 임 재 앞 에 -
모 든 원 수 굴 복 하 네 내 가 춤 을
2.D2 A E/G#
출 때 - 에 다 윗 처 럼 춤 을 추 면 서 -
F#m D2 A
전 심 으 로 주 를 즐 거 워 - 하 라 - 모 든 만 물 들 아
E D2
찬 양 하 - 라 영 원 히 - 영 원 히 -

메들리
• 생명 주께 있네 (85) • 주님의 은혜 넘치네 (176) • 찬양하세 (194)

(신) 1034
(구) 1055

주를 찬양

(세상의 유혹 시험이)

최덕신

G2 G/B C D G C G/B
세 상의유혹시험이 - 내게 몰려올때 - 에 나 의힘으론그것들 -
거 짓과속임수로 - - 가득 찬세상에 - 서 어 디로갈지몰라 - -
주 위를둘러보면 - - 아 - 무도없는 - 듯 믿 음의눈을들면 - -
Am9 D G2 G/B C D G
모두 이길수없네 - 거 대한폭풍가운데 - 위축 된나의영혼 -
머뭇 거리고있네 - 공 중의권세잡은자 - 지금 도우리들을 -
보이 는분계시네 - 지 금도내안에서 - - 역사 하고계시는 -
C G/B Am9 Dsus4 D7
어 찌할바를몰라 - 헤매 이고있을때 -
실 패와절망으로 - 넘어 뜨리려하네 -
사 망과어둠의권세물리 치신예수님 -
C/G G C D7 G C G/B Am9 Dsus4 D
주를찬 양손 을들고찬 - 양 전 쟁은나에게속 - 한것아니니 -
C/G G C D7 G C G/B Am Dsus4 D7 G
주를 찬 양손 을들고찬 - 양전 쟁은하나님께 - 속한 - 것 이 니

메들리
• 보라 너희는 두려워 말고 (70) • 주님의 영광 나타나셨네 (175)

179 주를 처음 만난 날

(신) 1947
(구) 946

(내가 처음 주를 만났을 때)

김석균

C G7 C F Dm Gsus4 G7
내가 처 음 주 를만났 을 때외롭 고 도 쓸쓸한모 습 -
내가 다 시 주 를만났 을 때죄악 으 로 몹쓸병든 몸 -
내가 이 제 주 를만남 으 로죽음 의 길 벗어나려 네 -
C CM7 F 3 G7 C
말없 이 홀로 걸 어가신 길 은영-광 을 다- 버 린나그 네 -
조용 히 내손 잡 아이끄 시 며병-든 자 여- 일 어나거 라 -
변찮 는 은혜 와 사랑베 푸 신그-분 만 이- 나 의구세 주 -
G G7 C G G7 Esus4 E7
정녕 그 분이 내 형제구원 했 나 나의 영 혼도 구 원하려 나 -
눈물 흘 리며 참 -회하였 었 네 나의 믿 음이 뜨 거웠었 네 -
주예 수 따라 항 -상살리 로 다 십자 가 지고 따 라가리 라 -
Am F C Am Dm G7 F/C C
의심 많 은 도 마처럼 울 었 네 내가 주 를 처 음만난 날 -
그러 나 죄 악 이나를 삼 키 고 내영 혼 갈 길 을잃었 네 -
할렐 루 야 주 를만난 이 기 쁨 영광 의 찬 송 을돌리 리 -

메들리
• 실로암 (99) • 우물가의 여인처럼 (139) • 주여 이 죄인이 (182)

(신) 1543
(구) 1807

주를 향한 나의 사랑을

(Just let me say)

Geoffrey William Bullock

주를향 한 나의 사 랑을 주께 고 백하게 하소 서
부드러 운 주의 속 삭임 나의 이 름을부 르시 네
온맘으 로 주를 바 라며 나의 사 랑고백 하리 라

아름다 운 주의그늘아래 살 며 주를 보 게하 소 서
주의능 력 주의영광을보 이 사 성령 을 부으 소 서
나를향 한 주님의그크신 사 랑 간절 히 알기 원 해

주님 의 말씀 선포 될 때에 땅과 하늘 진동 하리 니
메마 른 곳거 룩해 지 도록 내가 주를 찾게 하소 서
주의 은 혜로 용서 하 시고 나를 자녀 삼아 주셨 네

나의사 랑 고백 하 리라 나의 구주 나의 친 구
내모든 것 주께 드 리리 나의 구주 나의 친 구
나의사 랑 고백 하 리라 나의 구주 나의 친 구

메들리

• 내 이름 아시죠 (33) • 산과 바다를 넘어서 (81) • 예배합니다 (113)

181 주만 바라 볼찌라

(신) 1683
(구) 1285

(하나님의 사랑을 사모하는 자)

박성호

(신) 1226
(구) 898

주여 이 죄인이

(세상에서 방황할 때)

안철호

C F C G7
세 상 에 서 방 황 할 때 나 - 주 님 을 몰 랐 네
많 은 사 람 찾 아 와 서 나 의 친 구 가 되 어 도
이 죄 인 의 애 통 함 을 예 수 께 서 들 으 셨 네
내 모 든 죄 무 거 운 짐 이 젠 모 두 다 벗 었 네
C F C G7 C
내 맘 대 로 고 집 하 며 온 갖 죄 를 저 질 렀 네
병 든 몸 과 상 한 마 음 위 로 받 지 못 했 다 오
못 자 국 난 사 랑 의 손 나 를 어 루 만 지 셨 네
우 리 주 님 예 수 께 서 나 와 함 께 계 신 다 오
G C C7 F 3 G7
예 수 여 이 죄 인 도 용 서 받 을 수 있 - 나 요
예 수 여 이 죄 인 을 불 쌍 히 여 겨 주 - 소 서
내 주 여 이 죄 인 이 다 시 눈 물 흘 립 - 니 다
내 주 여 이 죄 인 이 무 한 감 사 드 립 - 니 다
C F C G7 C
벌 레 만 도 못 한 내 가 용 서 받 을 수 있 나 요
의 지 할 것 없 는 이 몸 위 로 받 기 원 합 니 다
오 내 주 여 나 이 제 는 아 무 걱 정 없 습 니 다
나 의 몸 과 영 혼 까 지 주 를 위 해 바 칩 니 다

메들리

• 달리다굼 (50) • 실로암 (99) • 주를 처음 만난 날 (179)

183 주의 거룩하심 생각할 때

(신) 1553
(구) 564

(When I look into Your holiness)

Cathy Perrin & Wayne Perrin

C F C C/E F F/G
주의 거룩하심생 각 할때 - 주의 크신사랑느 낄 때
C/E F F/G G7
주의 영 광 의 빛 나의 생활 비춰주 실 때 -
C F C C/E F F/G
주가 주신기쁨맛볼 때 에 - - 주의 사랑속에나 잠길 때
C/E F F/G G7
주의 영 광 의 빛 나 의 생활 비춰주 실 때 -
FM7 G/F Em Am
경 배 하 리 - 경 배 하 리 -
Dm F/G G7 C Dm C/E
나 사 는 동 안 주 께 경 배 해 - -
FM7 G/F Em Am
경 배 하 리 - 경 배 하 리 -
Dm F/G G7 C F/C C
나 사 는 동 안 주 께 경 배 해 -

(신) 1491
(구) 1028

주의 길을 가리

184

(비바람이 갈 길을 막아도)

김석균

185 주의 사랑을 주의 선하심을

(신) 1623
(구) 1679

(Think about His love)

Walt Harrah

D D/F♯ G
주의사랑을 - 주의선하 심 - 을 -
D Bm Asus4 A7
주의은혜를 생각해보 라 -
GM7 F♯m Bm Em
하늘 보 다도더높으신 - 아 버 지의사랑 크고놀랍
GM7 A GM7 G/A D
네 - - - - 아 버지사랑 크고놀랍 네 -
Fine
GM7 Asus4 D Am D7
내 어 찌 - 그 사랑 - 잊 으 리 -
나 길을 - 잃 고 - - 헤 맬 때 -
GM7 Asus4 D A/C♯
내 어 찌주의 - 긍휼 - 잊 으 리 -
그 사 - 랑날 - 찾아 - 내 셨 네 -
Bm F♯m
내 영 혼의 - - 모 든 소원 - -
G Em7 G/A A7
만 족 시킨 - - 하 나님 - -
D.C.

O.T. : Think About His Love / O.W. : Walt Harrah
O.P. : Integrity's Hosanna! Music / S.P. : Universal Music Publishing Korea, CAIOS
Adm. : Capitol CMG Publishing / All rights reserved. Used by permission.

(신) 1573
(구) 2111

주의 이름 높이며

(Lord I lift Your name on high)

Rick Doyle Founds

G C2 D C C/D G C2 D C
주의이름높-이 며 주를찬양하-나 이-다
G C2 D C C/D G C2 Dsus4 D C/D D
나를구하러-오 신 주를기뻐하-나 이-다
G C D C G C
하늘영광 버리고 - 이 땅 위에 십자가-를지시고
D C G Am7 D Em7 G/B
-죄 사-했네 무덤에-서일어나 - 하늘로-올리셨네
Am7 D C/D G C/G G
- 주 의 이 름높 - 이 - 리 - -

O.T. : Lord I Lift Your Name On High / O.W. : Rick Doyle Founds
O.P. : Universal Music – Brentwood Benson Publ. / S.P. : Universal Music Publishing Korea, CAIOS
Adm. : Capitol CMG Publishing / All rights reserved. Used by permission.

메들리
• 생명 주께 있네 (85) • 주님 한 분 만으로 (171) • 주님의 영광 나타나셨네 (175)

187 주의 자비가 내려와

(Mercy is falling)

(신) 1581
(구) 1672

David Ruis

D Em D/F# A7 D Em D2/F# G A
주의자비 - 가내려 - 와내려 - 와 주의자비 - 가봄 비 같이
D Em D/F# A7 D2
주의자비 - 가내려 - 와나 를덮 네 -
D D/F# G A D D/F# G A7
헤이 호 주의 자비하 심 과 헤이 호 주의 은 혜 로
D D/F# G D/F# D/E A D G/D D
헤이 호 나는 영원히 춤 추 리 -

메들리

• 오라 우리가 (126) • 우리 모일 때 (133) • 주의 사랑을 주의 선하심을 (185)

(신) 1293
(구) 1706

지금은 엘리야 때처럼 188

(Day of Elijah)

Robin Mark

지금-은엘리야때 처럼- 주 말씀-이선-포되고 -
에스-겔의-환상 처럼- 마 른뼈-가살-아나며 -
또 주의-종모세의 때와- 같이- 언약-이성취-되 네
또 주의-종다윗의 때와- 같이- 예배-가회복-되 네
비록전쟁-과기근-과 핍박- 환 난날-이다가-와 -도 -
추수-할때가-이 르러- 들 판--은희어-졌 -네 -
우 리는-광야 의외 치는- 소리-주 의길을예--비하라 -
우리-는추 수할 일꾼- 되어-주 말씀을선--포하리 -
보 라 주 - 님 구름타시고 - 나팔불때에 -
다시오-시 네 모두외 치 - 세 이는은혜의해니 -
시온에서 구 원이임 하 네 또 네

189 지존하신 주님 이름 앞에

(신) 1908
(구) 1341

(Jesus at Your name)

Chris Bowater

메들리
• 나 주님의 기쁨 (20) • 주님 큰 영광 받으소서 (170) • 하나님께로 더 가까이 (206)

(신) 1307
(구) 1662

찬양의 제사 드리며

(주의 이름 안에서 / We bring the sacrifice of praise)

Kirk Carroll Dearman

O.T. : We Bring The Sacrifice Of Praise / O.W. : Kirk Carroll Dearman
O.P. : Universal Music – Brentwood Benson Publ. / S.P. : Universal Music Publishing Korea, CAIOS

191 찬양하라 내 영혼아

(신) 1961
(구) 914

(Bless the Lord, oh my soul)

Margaret Evans

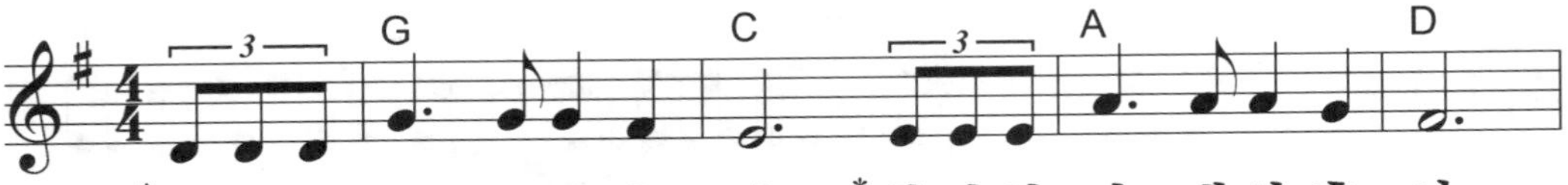

*찬 양 하 라 내 영 혼 아 *찬 양 하 라 내 영 혼 아

내 속 에 있 는 것 들 아 다 *찬 양 하 라

*| 감사하라. 기뻐하라

메 들 리

• 기뻐하며 왕께 (16) • 보라 너희는 두려워 말고 (70) • 창조의 아버지 (195)

192 축복의 통로

(신) 1598
(구) 1758

(당신은 하나님의 언약안에)

이민섭

당신은 – 하나님 – 의 언약 안에 – 있는축복의 – 통 로

당신을 – 통하여 – 서 열방이 – 주께 – 돌아오게되 리
주께 – 예배하게되 리

메 들 리

• 너는 그리스도의 향기라 (43) • 너는 시냇가에 (45) • 야곱의 축복 (105)

(신) 1809
(구) 1211

찬양하며 살리라

(이 험한 세상)

정석진

C Em Dm G
이 험한 세상 나 살아갈 동안
내 작은 손에 불 밝혀 들고서
C Em F D D7 G
내 주님 가신 길 걸으며 내 주님을 찬양해 -
이 세상 다시 오시 - 는 내 주님을 맞으리 -
C Em Dm G
십자가 보혈 날 구한 그 사랑
내 무거운 짐 다 벗겨 주시고
C Em F D /F♯ G
나 매일 찬송을 드려도 늘 부족한 것 뿐이니
그 아름다운 금 면류관 날 위해 예비 하시리
C Dm G G7 C
나 호흡 있는 동안에 - 나 생명 있는 동안에 -
Am Dm F G7 C
나 주를 찬양 하리라 - 내게 생명 주신 주님을

메들리

• 그 사랑 (7) • 사나 죽으나 (77) • 시편 40편 (96)

194 찬양하세

(신) 1541
(구) 779

(Come let us sing)

Danny Reed

E7 A D/A A Bm Bm7
찬 양하세 - 찬 양하세 - 왕 께
D 1. E A 2. E A
소 리높 - 여 찬 양드 리세 - 찬 양드 - 리 세
G/A D E/D C#m F#m7
찬 양 받 기 에 합 당 하 신 주 님 -
Bm7 E A
언 제 나 동 일 하 신 주 -
D E/D C#m7 F#
무 릎 꿇 고 서 주 이 름 외 치 세
Bm A/C# D Bm A/C# D
예 수 나 의 왕 예 수 나 의 왕
Bm A/C# D D/E A
예 수 나 의 왕 아 멘 -

(신) 1551
(구) 2090

창조의 아버지

(Father of creation)

David Ruis

C D G G7/B C D G G7/B
1. 창조 - 의아버 - 지 그섭리보 - 이사 -
주의 - 크신능 - 력 만물이사모하니 -
2. 열방 - 의통치 - 자 세상이보 - 리라 -
우릴 - 돌아보 - 사 강건케하 - 소서 -
C D Em /D Am 1.D
택하신세대일으 키 - 어 이땅을고치소서 -
성령의기름부어 주 - 사 이시간임하소서
신실한주의약속 으 - 로 교회는승리하리 -
연약함모두벗어 지 - 고 승리케하옵소서
2.Dsus4 D G D/G C/E G/D
- 주 영 광 여 기 - 임 하 사 - 열방향
C G/B Dsus4 D G D/G
- 해그빛 - 비추 소서 주의 얼 굴구 - - 할때
C/E G/D Am Dsus4 D G
- 주의 향기 머무 소 - - 서

메들리
• 그리스도의 계절 (12) • 모든 열방 주 볼 때까지 (64) • 이 산지를 내게 주소서 (143)

196 천년이 두 번 지나도

(신) 1998
(구) 1937

전종혁 & 조효성

G2 Am7/G D C/D G G/B
천 년 이 두 번 – 지 나 도 변 하 지 않 는 것 –
C2 G/B Am7 Dsus4 D
당 신 을 향 한 – 하 나 님 의 – 사 랑 이 에 요 –
G2 Am7/G D C/D G G/B
천 년 이 두 번 – 지 나 도 바 꿀 수 없 는 것 –
C2 G/B Am7 D7 G
당 신 을 향 한 – 하 나 님 의 – 마 음 이 에 요 –
CM7 D/C Bm7 Em7
당 신 의 삶 을 – 통 해 – 하 나 님 영 광 받 으 시 고 –
CM7 D/C G G/F
우 리 가 하 나 – 될 때 주 님 나 라 이 뤄 지 죠 –
C2/E D/F# D#dim Em7
당 신 을 향 한 하 나 님 의 – 선 하 신 계 획 –
Am7 G/B C2 A9/C# Dsus4
우 리 의 섬 김 과 – 나 눔 으 로 – 아 름 답 게 열 매 맺 어 요

천년이 두 번 지나도

C M7/D G2 A m7 D G
하 나 – 님 은 당 – 신 을 – 통 해 – 그 의 마 – 음 을 –
C2 G/B A m7 C/D D
그 의 사 랑 과 – 그 의 용 서 를 – 나 타 내 기 원 해 요 –
G/B D/C C D D/F# G D/F# E m7
천 년 이 두 번 지 나 도 – 당 신 은 하 나 님 의 사 람 – 이 죠 –
C2 D sus4 G2
천 년 이 가 도 – 영 원 히

메들리 • 축복의 통로 (192) • 축복송 (197) • 하나님 아버지의 마음 (205)

197 축복송

(때로는 너의 앞에)

(신) 1183
(구) 1149

송정미

G M7 B m7 C C m
때 - 로 는 너 의앞 에 어려 움과 아픔있지 만
너 는택 한 족속이 요 왕같 은 - 제사장이 며
A m7 D7 G M7 E7
담대하 게 - 주를바 라 보 는 너 의 영 혼 -
거룩한 나 라 하 나님 의 소 유 된 백 - 성 -
A m D7 C M7 A m7
너 의영 혼 우 리볼 때 얼마 나 아 름 다 운 - 지
너 의영 혼 우 리볼 때 얼마 나 사 랑 스 러 운 지
C M7 D7 B m9 E7
너의영혼 통 해 큰영광받 으 실
A m7 D7 C 6 G
하 나 님 을 찬 양 오 할 렐 루 야

메 들 리

• 너는 그리스도의 향기라 (43) • 야곱의 축복 (105) • 천년이 두 번 지나도 (196)

(신) 1131
(구) 2058

축복의 사람

(주께 힘을 얻고)

설경욱

D A/C♯ Bm /A G A7 D D7
주께 힘을얻고그마음에 - 시온 의대로가있는그대는 -
Em7 A F♯m Bm Em Em7/D A A7
하나님의 - 축복 의사람이죠 - 주님 그대를 - 너무기뻐하시죠 -
D A/C♯ Bm /A G A7 D D7
주의 집에거하기를사모 하 - 고 - 주를 항상찬송하는그대는 -
Em7 A F♯m Bm Em7 A7 D G A7
하나님의 - 축복 의사람이죠 - 주님 그대를 - 너무사랑하시죠 -
D F♯7 Bm Am D7 G A A7 D D7
그대 섬김은 - 아름다운찬 송 그대 헌신은 - 향기로운기 도
Em A7 F♯m Bm Em7 A7 D
그대 가 밟는땅 어디 에서라도 - 주님 의이름높아질거에 요

메들리

• 너는 그리스도의 향기라 (43) • 너는 시냇가에 (45) • 축복의 통로 (192)

199 축복합니다 주님의 이름으로

(신) 1626
(구) 2178

이형구 & 곽상엽

E /G# A B E A/B
축 복 합 니 다 - 주 님 의 이 름 으 로 -
E /G# A B E D/E E
축 복 합 니 다 - 주 님 의 사 랑 - 으 로 - 이 곳 에
A B7 G#m
모 인 주 의 거 - 룩 한 자 녀 에 게 주 님 의 기 쁨 과 주 - 님 의
C#m F#m7 D B sus4 B
사 랑 - 이 충 만 하 게 충 만 하 게 넘 치 기 를 -
E A B E A/B
God bless you God bless you
E /G# A B E
축 복 합 니 다 - 주 님 의 사 랑 - 으 로 -

메들리
• 너는 시냇가에 (45) • 우리 함께 기뻐해 (136) • 야곱의 축복 (105)

(신) 1406
(구) 668

크신 주께 영광돌리세

(Great is the Lord)

Robert Ewing

E A/E E B7
크 신 주 께 영 광 돌 리 세
F♯m B7 E
하나 님 의 성 에 서 그의 거 룩 한 산 에 서
E A/E E7 A
터가높고아 름 다 워 온 세 상 의 기 쁨
Am E/B C♯ F♯m B7 E
저 북 방에있는시 온 산 큰 왕의 성 일 세
E A E B7
Sing 할 렐 루 야 Sing 할 렐 루 야
E A E B7 E
Sing 할 렐 루 야 큰 왕의 성 일 세

메들리
• 손을 높이 들고 (93) • 존귀 오 존귀하신 주 (149) • 해 뜨는 데부터 (217)

201 탕자처럼 방황할 때도

(신) 1112
(구) 910

김영기

D F♯m G D A A7
탕 자 처 럼 방 황 - 할 때 도 애 타 게 기 다 리 는 -
불 순 종 한 요 나 와 같 이 도 방 황 하 던 나 에 게 -
음 탕 한 저 고 멜 과 같 이 도 방 황 하 던 나 에 게 -
D F♯m G Gm D/A A7 D
부 드 런 주 님 의 음 성 이 내 맘 을 녹 이 셨 네 -
따 뜻 한 주 님 의 손 길 이 내 손 을 잡 으 셨 네 -
너 그 런 주 님 의 용 서 가 내 맘 을 녹 이 셨 네 -
G D G D
오 주 님 나 이 제 갑 니 다 날 받 아 주 소 - 서 -
G D Bm D/A A7 D
이 제 는 주 님 만 위 하 여 이 몸 을 바 치 리 다 -
이 제 는 주 님 만 위 하 여 이 생 명 바 치 리 다 -
이 제 는 주 님 만 위 하 여 죽 도 록 충 성 하 리 -

메들리
• 달리다굼 (50) • 사나 죽으나 (77) • 찬양하며 살리라 (193)

(신) 1104
(구) 1670

파송의 노래

(너의 가는 길에)

고형원

203 평안을 너에게 주노라

(신) 1618
(구) 1191

(My peace I give unto you)

Keith Routlege

*| 사랑

메들리 • 너는 그리스도의 향기라 (43) • 시편 40편 (96) • 하나님은 우리의 피난처가 (209)

(구) 1943

풀은 마르고

김영진

A F#m D
풀 은 마 르 고 꽃 은 시 드 나 주 의
1. D A 2. D A
말 씀 - 은 영 원 해 - 말 씀 - 은 영 원 해 -
D E F#m E7 B m7
주 의 말 - 씀 - 을 - 믿 는 - 자 -
주 의 말 - 씀 - 을 - 행 하 는 자 -
1. D E7 F#m7 D A/C# B m7
주 의 구 - 원 - 을 - 얻 으 리 - - - -
2. D E7 F#m G E sus4 E7
그 의 능 - 력 을 - 보 게 되 리 라 - -
A D/A A F#m7 D/E E7
주 의 말 씀 - 은 영 원 해 -
A D/A A F#m7 E7
주 의 말 씀 - 은 영 원 해 - - - - - - 영 원 해
F#m7 E7 A
- - - - - - 영 원 해 -

205 하나님 아버지의 마음

(신) 1021
(구) 1918

(아버지 당신의 마음이)

박용주 & 설경욱

(신) 1507
(구) 1674

하나님께로 더 가까이 206

(Nearer to God)

Stephen Hah

G Am G/B C G/B
하 나님께로 더가까이 갑니다
Am A/C# Dsus4 D7
고 통가운데 계신주님 –
G F#m B7(♭9) Em G7/D
변함없 는주님의 크신사랑 –
C C/D D7 C/G G
영원히 주님만을 섬기리 –

(구) 1737

하나님께서 당신을 통해 207

김영범

G Em C G/B Am Dsus4 D
하나님께서 당신을통해 메마른땅에 샘물 나게하시 기를
G Em C G/B Am D G
가난한영혼 목마른영혼 당신을통해 주사 랑알기 원하네 –

208 하나님은 너를 지키시는 자

(신) 1217
(구) 1658

정성실

E E/D♯ C♯m E/B A E/G♯ F♯m B7
하나 님은너를지키 시는자너의우편에그늘 되-시니-
E E/D♯ C♯m E/B A B7sus4 B7 E
낮의 해 와 밤의달- 도 너를 해 치 못하리 -
E E/D♯ C♯m E/B A E/G♯ F♯m B7
하나 님 은너를지키 시는자 너의 환 난을면케 하-시니-
E E/D♯ C♯m E/B A B7 E
그가 너 를 지 키시리 라 너의출 입을지키시리 라
B7 E7sus4 E B7 B7/A E
눈을 들어 산을보아라 너의도움 어디서오나
G♯/D♯ C♯m A F♯m B7 E
천지 지으신 너를 만드신 여 호와께 로 - 다

메들리

• 내 이름 아시죠 (33) • 크신 주께 (200) • 하나님은 우리의 피난처가 되시며 (209)

(신) 1599
(구) 1870

하나님은 우리의 피난처가 되시며 209

(Psalm 46)

Stephen Hah

A Bm E7 A
하 -나님은 우리의- 피 -난처가 되시며-
C#m F#m D Bm E A
환 -난중에 우리의- 힘 -과도움 이시라-
A Bm7 E7 A
너 희는가만히 있-어- 주 가하나님-됨 알찌-어다
A Bm7 E7 A
열 방과세계가 운-데- 주가 높임을- -받으리 라
A Bm7 E7 A
사 랑합니다내 아버지- 찬 양합니다-내 온맘다하여
A Bm7 E7 A
선 포합니다예 수그리스도 주님 오심을- -기다리 며

메들리

- 나의 안에 거하라 (27)
- 부흥 (72)
- 오직 주만이 (127)

210 하나님은 실수하지 않으신다네

(신) 1370
(구) 2031

(내가 걷는 이 길이)

A. M. 오버톤 & 최용덕

C Dm G
내가 걷는이길이- 혹 굽어도는-수가있어도 내- 심장이울렁이고-
C C7 F C Am
가슴아파도- 내 마음속으로-여전히 기뻐하는까 닭은- 하나
C G7 C(G) C
님은실수-하지않으- 심일세- - 내가 세운계획이 - 혹
Dm G C C7
빗나갈지모르며- 나의 희망 덧없이- 쓰러질수있지만- 나
F C Am
여전히 인도하시는 주님을 신뢰하는까 닭은- 주께
C G7 F/C C F
서내가-가야할길을잘아-심일세- - 어두운밤-어둠이깊어
G C F C D
날이다시는- 밝지않 을것같아보여도 - 내 신앙부여잡고- 주

하나님은 실수하지 않으신다네

F G F/C C
님께모든것 –맡기리니– 하나님을 – 내가믿 – 음일 세 – 지금
C/G Am F/C
은 내가볼수 없는것 너무많아서– 너무 멀리– 가물가물 –
C G C Em
어른거려도– 운명이여– 오라– 나 두려워– 아니하리 – 만 –
F Dm7 G 𝄋 C Am
사를주 님께– 내어맡기리 – 차츰 차츰 – 안개는걷히고 – 하나
D G C
님 지으신– 빛이 뚜렷이보이리라– 가는 길이온통 – 어–
F 1. C G F C D.S.
둡게만보여도– 하나 님은– 실수하지 않으신 – 다네 – 차츰
2. C G F G F C
님은– 실수하지 않으신 – 다 – 네 –

211 하나님의 은혜

(나를 지으신 이가)

(신) 1539
(구) 2212

조은아 & 신상우

D Daug D GM7 Em7
나를 지으신이가- 하나 님 나를 부르신이가- 하나
A7 D /F# G Em
님 나를 보내신 이도- 하 나 -님 - 나의
D/A A D Daug
나된것은다 하나님 은혜라- 나의 달려갈길 다가도록
D GM7 Em7 A7
- 나의 마 지막호흡 -다하 도록 - 나로
D /F# G Em7 D/A A
그십자가- 품게 하시니- 나의 나된것은다- 하나님
D D7 D/F# GM7 A7
은혜라- - 한량없는 은 혜 - 갚을길없는
F#m Am B7 Em7 A7 D Em
은혜 내삶을에워 싸는 - 하나님의-은 혜
D/F# D7 GM7 A7 F#m
- 나 주저함없 이 - 그땅을밟음 도
Bm7 Em7 A A7 D
- 나를붙드시 는 - 하나님의은 혜 -

(신) 1632
(구) 1603

하늘 위에 주님 밖에

(God is the strength of my heart)

Eugene Greco

A D/A A D/A
하늘위 에주 - 님 - 밖에 -
A D/A Em/A A7
내가 사모할자 - 이세상 - 에 - 없 - 네 -
DM7 A/C# Asus4/B E7 A
3
내 맘과힘 은 믿 을수 - 없 네 -
DM7 A/C# Asus4/B D6/E
3
오 직한가지 그 진 리를 - 믿네 주는나의
D A/C# Bm7 /E A
- 힘이요 - 주는나의 - 힘이요 - 주는나의
D C#m7 F#m Bm A/C# D6 /E
- 힘이요 - 영 원 히 - 주 를 의 지 - 하리
1. D6/E 2. D6/E A
주는나의 영원 - - 히 -

213 할 수 있다 하신 이는

(신) 1384
(구) 1094

이영후 & 장욱조

C F C
할 수 있 다 하 신 이 는 나 의 능 력 주 하 나 님
Am E Am C G7 C
의 심 말 라 하 - 시 고 물 결 위 를 걸 라 하 시 네
나 를 바 라 보 - 시 고 능 력 준 다 하 - 시 - 네
주 저 말 라 하 - 시 고 십 자 가 를 지 라 하 시 네
낙 심 말 라 하 - 시 고 기 도 하 라 하 - 시 - 네
C Dm F G7
할 수 있 - 다 하 신 주 할 수 있 다 하 신 주
C Am Dm D7 G7
믿 음 만 이 믿 음 만 이 능 력 이 라 하 시 네
사 랑 만 이 사 랑 만 이 능 력 이 라 하 시 네
희 생 만 이 희 생 만 이 능 력 이 라 하 시 네
기 도 만 이 기 도 만 이 능 력 이 라 하 시 네
C Am Dm7 G7 C
믿 음 만 이 믿 음 만 이 능 력 이 라 하 시 네
사 랑 만 이 사 랑 만 이 능 력 이 라 하 시 네
희 생 만 이 희 생 만 이 능 력 이 라 하 시 네
기 도 만 이 기 도 만 이 능 력 이 라 하 시 네

메들리

• 승리는 내 것일세 (95) • 일어나 걸어라 (144) • 할 수 있다 해 보자 (214)

(신) 1462
(구) 758

할 수 있다 해 보자

214

(할 수 있다 하면 된다)

윤용섭

D A7 D G D A7
할 수 있 다 하 면 된 다 해 보 - 자
D A7 D G A7 D
믿 는 자 에 게 능 치 못 함 이 없 으 리 라
A7 D D7 G E7 A7
나 는 부 족 해 도 나 는 약 해 도 주 님 도 와 주 신 다
믿 음 가 지 고 - 꿈 을 가 지 고 주 님 바 라 보 아 라
기 도 하 면 서 - 찬 양 할 때 에 주 님 함 께 하 신 다
G A7 D G E7 A
의 심 말 고 두 려 워 말 라 좋 은 일 일 어 난 다
성 령 님 이 도 와 주 신 다 좋 은 일 일 어 난 다
할 렐 루 야 할 렐 루 - 야 기 적 이 일 어 난 다
D A7 D A7 D
말 씀 안 에 서 믿 음 안 에 서 할 수 있 다 해 보 자

메들리
• 에바다 (109) • 좋은 일이 있으리라 (150) • 할 수 있다 하신 이는 (213)

215 항상 진실케

(신) 1633
(구) 824

(Change my heart, oh God)

Eddie Espinosa

CM7 Dm7 G C
항 상 진 실 케 - 내 맘 바 꾸 사 -
Am Dm F/G G7 C
하 나 님 닮 게 - 하 여 주 소 서
Fine
E sus4 E7 Am Dm G7 CM7
주 는 토 기 장 이 나 는 진 흙 -
E sus4 E7 Am /G D/F♯ F/G G
날 빛 으 소 - 서 기 도 하 오 니
D.C.

메들리 • 목마른 사슴 (66) • 예수 사랑해요 (114) • 오 신실하신 주 (122)

해 같이 빛나리

(당신의 그 섬김이)

김석균

A F♯m D Esus4 E
당신의 - 그섬김 이 천국 에서 해같이빛나 리
당신의 - 그순종 이 천국 에서 해같이빛나 리
A D E E7 A
당 신 의 - 그 겸 손 이 천국 에서 해같이빛나 리
당 신 의 - 그 사 랑 이 천국 에서 해같이빛나 리
A F♯m D Esus4 E
당 신 의 - 그 믿 음 이 천국 에서해같이빛나 리
당 신 의 - 그 찬 송 이 천국 에서해같이빛나 리
A D E E7 A
당 신 의 - 그 충 성 이 천국 에 서 해같이빛나 리
당 신 의 - 그 헌 신 이 천국 에 서 해같이빛나 리
E A D E7
주님이기억하시면 족하 리 예수님사랑으로 가득한모습
A D Dm/F A E A
천사도흠모하는 아름다운그 모습 - 천국 에서해같이빛나 리

메들리

• 나의 안에 거하라 (27) • 오직 주만이 (127) • 주 예수 나의 당신이여 (155)

217 해 뜨는 데부터

(신) 1556
(구) 666

(From the rising of the sun)

Paul S. Deming

E E G♯m7
해뜨는데 부터- 해지는데 까지- -
E F♯m7 B7 E 1. A/B
주 이 름 찬양받으 리 해뜨는데
2. E7 A E G♯7
할 렐-루 야 여호와의모든종들 아
A B7 E A
주 이 름 찬양해 이제부터 영원-까 지
E G♯ A B7 E
주 이 름 찬 송 할 지 로 다

메들리
• 손을 높이 들고 (93) • 존귀 오 존귀하신 주 (149) • 크신 주께 (200)

(신) 1672
(구) 1236

호산나

(Hosanna)

Carl Tuttle

G D Em C D
호 산 - 나 호 산 - 나 호 산나높은곳에 서
영 - 광 영 - 광 왕의왕께영 광 을
G D Em C D
호 산 - 나 호 산 - 나 호 산나높은곳에 서
영 - 광 영 - 광 왕의왕께영 광 을
C D7 G G7 C D7 G G7
주의이름높여 - 다찬양하라 -
C D7 G D/F♯ Em C D G
귀하신주나의 하 나 님 주 님께영광돌 리 세

메들리
• 다 와서 찬양해 (48) • 생명 주께 있네 (85) • 찬양하세 (194)

219 찬양 중에 눈을 들어

(호산나 / Hosanna (Praise Is Rising))

Paul Baloche & Brenton Brown

G2
찬 - 양 중 - 에 눈 을 들 - 어 - 주 를
주 - 께 드 - 린 마 음 다 - 한 - 기 도
C2 G
- 주 를 보 네 -
- 들 으 소 서 -
G2
소 - 망 중 - 에 마 - 음 다 - 해 - 주 만
주 - 의 나 - 라 상 - 한 영 - 혼 - 들 을
C2 G2
- 나 바 라 네 - 주 님 을 볼
- 새 롭 게 해 -
D sus4 C G2
- 때 나 에 게 - 힘 주 시 네 주 님 안
D sus4 C G2
- 에 모 든 두 - 렴 - 사 라 져 사 라 져
D G sus4 G E m7
- 호 산 - - 나 호 산 - - - - - 나

C2 G Dsus4
- 구원의주 - 하 나 -님 - 찬양받으
Em7 C2 Gsus4 G
- 실 주 -님 - 호 산 - - 나 호
Em7 C2 G
산 - - - - - - 나 - 내안에임 - 하 셔 -서
Dsus4 Em7 C2 G
- 주님의뜻이 - 루 소 -서 -

(신) 1426
(구) 1233

형제의 모습 속에 보이는 220

박정관

F B♭ Gm7 F/C C7
4/4
형제의모습속에 보 이는 하나님형상아름 다 워-라
우리의모임중에 임 하신 하나님영광아름 다 워-라
Am7 Dm Gm7 C7 F
존귀한주의자녀 됐 으니 사랑 하며 섬 기 리
존귀한왕이여기 계 시니 사랑 하며 섬 기 리

찬양의 샘 Best 220

초판 발행일 2020년 4월 1일
펴낸이 김수곤
펴낸곳 ccm2u
출판등록 1999년 9월 21일 제 54호

악보편집 노수정, 김종인
업무지원 기태훈, 김한희
디자인 이소연

주소 서울시 송파구 백제고분로 27길 12 (삼전동)
전화 02-2203-2739
FAX 02-2203-2738
E-mail ccm2you@gmail.com
Homepage www.ccm2u.com

CCM2U는 한국 교회 찬양의 부흥에 마중물이 되겠습니다.